鈴木 瞬
糸山智栄
若井 暁 編著

「まびひよっこりクラブ」がつなぐ
未来へのバトン

災害時の学童保育のブリコラージュ

クリエイツかもがわ
CREATES KAMOGAWA

はじめに　西日本豪雨と能登半島地震

２０２４年１月１日16時10分、日本の能登半島地下16㎞で発生したマグニチュード７・６の地震は、石川県を中心に大きな被害をもたらしました。その被害はいまだに大きく、地理的課題もあり、なかなか復旧・復興を進めることが困難な状況が続いています。

しかしながら、被災当初から行政と支援団体による連携のもと、さまざまな場で被災した子どもたちの居場所の確保がなされてきました。私自身も１月８日に１・５次避難所内に立ち上げられた「キッズスペース（子どものあそび場）」を通して、約２か月間、子ども支援を行いました。３月に入ってからは、珠洲《すず》市の「放課後子ども教室」が開所できていないという課題に気づき、セーブ・ザ・チルドレン・ジャパンと倉敷市学童保育連絡協議会（倉敷市連協）と連携し、３月18日より指導員を派遣し、現地スタッフを支援する形式で緊急時の子どもの放課後支援の活動を進めています。春休み中は児童健全育成推進財団にも協力をいただき、一日保育の支援を行いました。

本書を書いている今も、金沢と能登の行き来を続ける毎日です。東日本大震災や西日本豪雨災害を経験した今となっても正解などわからず、現場のニーズを聴き取りながら、私の持ち得るつながりをすべて生かして支援を続けるしかありません。（よき「ブリコルール」（第３章を参照）にはほど遠いですが…）本書の共著者である若井暁さんと同様、日々、「ブリコラージュ」を続けています。

本書のタイトルにもなっているブリコラージュとは、クロード・レヴィ＝ストロースが提示した概念であり、「ありあわせのものを再構成することによって新しいものを創造する営み」のことを指します（飯田２０１９）。本書では、危機対応学におけるこの概念の援用を参考にして、当初の想定を超えた事態が生じた際に求められる即応的対応であり、ありあわせのものや偶然すらも活かしていくブリコラージュの発想をもとに、「まびひょっこりおもしろおたからクラブ（以下、本書では、「まびひょっこりクラブ」）の実践を捉え直します。

なお、今回の能登半島の震災において、現在進行形で私の行動や想いを支えているのものは、間違いなく「まびひょっこりクラブ」の実践です。

６年前の２０１８年7月、当事者としてこの学童保育実践にかかわり、若井さんや紙上くみこさんたちによる子どもや保護者へのかかわりを目の当たりにしたこと。そこに、さらに多くの指導員が加わり、「まびひょっこりクラブ」の場から、何とも言えないエネルギーを感じたこと。また、私自身もその磁場に引き寄せられ、寺尾朱音さんをはじめとする学生たちと巻き込まれながら、そこにしかない一回限りの、かけがえのない存在としての「まびひょっこりクラブ」をともに共有しました。あの経験がなければ、私は今回の震災で何一つ動けなかったのではないかと思います。それくらい本当に貴重な経験でしたし、だからこそ、それをこのような形で記録化しました。

本書の刊行は私にとって奇跡的なものです。この数年間はというと、コロナ禍での自粛や難病の発症と治療の副作用による体調不良など…、さまざまな要因の中で、何度も途切れそうになりながらもなんとかもちこたえ、研究を続けてきました。そして、年末に他の執筆者の原稿を受け取り、あとは自分の原稿の修正と、いただいた原稿の編集だけ…と思っていた矢先の大地震。「別にわざわざ編者の地元で起きなくても…」と正直愚痴りたくなるぐらい、最後の最後までいろいろな災禍に見舞われながら執筆をし続けました（常に身近で支え続けてくれる妻と子どもたちに感謝します）。

本書が「あと半年早く刊行できていれば…」このような想いがないと言えば嘘になります。できれば、能登半島地震の前に刊行され、少しでも多くの指導員に読まれることで、危機的状況でのブリコラージュが促進されてほしかった…という想いはぬぐえません。

しかしその一方で、地震によってあらためて本書を刊行しなければならないという想いも強くなりました。繰り返される災禍の間を生き、放課後の子どもたちにかかわる私たちにとって、このような災害時の学童保育実践を記録化することは絶対に欠かせない営みです。本書の記録化にあたって２０２３年10月20日開催した執筆者の集いや、２０２４年１月20日に倉敷市連協が開催した「災害時における学童保育と人権講演会」では、改めて倉敷市のみなさんの関心の高さと継続した取り組みを実感しました。こうして最後の最後まで災禍とともに紡がれた本書は、これまでにない災害時の学童保育実践の記録です。各章で執筆していただいた多くの当事者の方々の協力により、災禍をめぐる当事者の「語り」を言語化し、それを読む者に当時の「記憶」を呼び起こすような書籍になったと感じています。被災時でありながらも優れた学童保育実践であった「まびひょっこりクラブ」のリアルな状況が多くのみなさまに伝わることを願っています。

なお本書は、災害時の学童保育実践の記録と、その理論的解説の２部構成となっています。西日本豪雨災害による学童保育への影響や「まびひょっこりクラブ」の実践について知りたい方は第１

〜2章からお読みください。また、災害時の学童保育実践をどのように取り組んだらいいのか、その方法の理解を深めたい方は、第3〜5章からお読みください。各章には、コラムを配置し、できるだけ多様な当事者の声を反映させることを目指しています。さらにコラムの中には、熊本地震や東日本大震災に関するものも含んでおり、水害に限定しない学童保育の危機管理、危機対応に関する論稿を目指しています。

ぜひ本書をきっかけに各地で経験された災害時の学童保育実践が呼び起こされ、共有可能な記録が少しでも増えていくことを期待しています。

2024年5月

編者を代表して　鈴木　瞬（金沢大学）

災害時の学童保育のブリコラージュ ―「まびひょっこりクラブ」がつなぐ未来へのバトン― 目次

【コラム一覧】

プロローグ　災害時に「子どものことを忘れないで！」

糸山智栄（岡山県学童保育連絡協議会・会長）

２０１８年７月６日㈮から７日㈯の未明に発生した西日本豪雨災害により、岡山県倉敷市真備地区は、総面積４４００ヘクタールのうち１２００ヘクタール、約４６００戸が浸水し、死者51名、救助者２３５０名、避難者は最大時で約８２００名という甚大な被害を受けました。

真備地区には６つの学童保育所があり、そのうちの２か所が被災、別の２か所が避難所として利用されることになりました。当時、倉敷市の多くの学童保育は、地域運営委員会方式で実施されており、さまざまな対応は、運営委員会、特に運営委員長の判断にかかっていました。しかし、運営委員長は町内会長等の地域の役職者でもあるため、同時に被災住民の対応にも追われることになりました。

2018 年 7 月 8 日㈰山陽新聞朝刊より（山陽新聞社提供）

被災後わずか5日で学童保育を開設！

しかし、被災から5日後の7月12日(木)には、倉敷市学童保育連絡協議会によって、被災した真備地区から一山超えた隣接の玉島長尾地区に、緊急時の学童保育が開設されました。学童保育は子どもたちによって「まびひょっこりクラブ」と命名されました。わずか3日の空白で、被災した子どもたちの居場所を開設したのです。一方、真備地区でも、施設が被災しなかった「呉妹《くれせ》たんぽぽ児童クラブ」と「元気ほいだっこ児童クラブ」で、他の校区の被災した子どもたちの受け入れを始めました。

真備地区の小学校は、7月9日(月)から休校になり、そのまま夏休みに入りました。そのため20名弱でスタートした「まびひょっこりクラブ」は、たちまち50名の登録となりました。常駐の指導員（1名）・市連協に加盟する学童保育から交替で入る指導員（1名）・東京や名古屋などから1週間単位で応援にかけつけてくれた指導員（1名）の3名体制を組み、そこに多数の学生ボランティアがかかわる保育体制がつくられました。

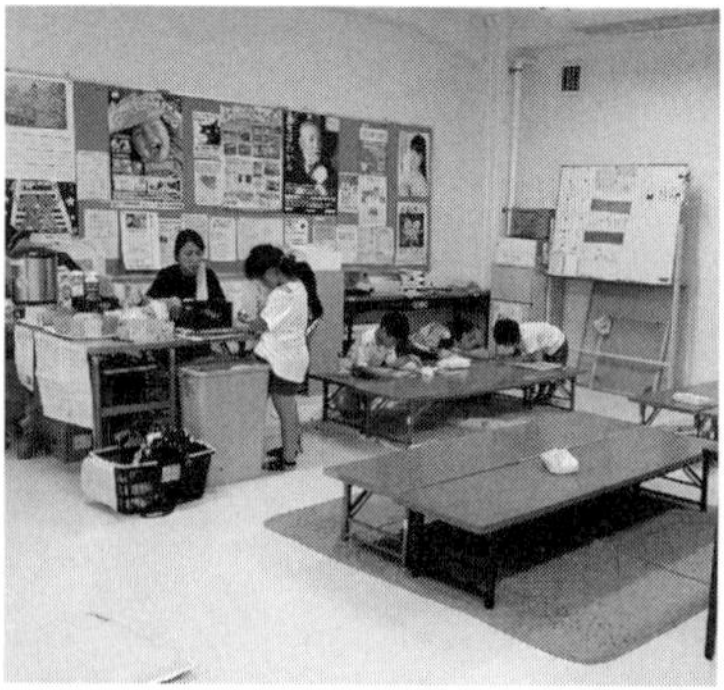

まびひょっこりクラブ

ぬりえに夢中…

各地の震災支援を継続的に聞いていたことが役にたった

この時まで、岡山県は「災害のない地域」だと思っていました。「どこかで災害が起きたら支援するのが岡山県の役割」と漠然と思っていました。そんな岡山県民の私でしたが、全国学童保育連絡協議会や経営者団体の会議で、これまでの震災支援の話を継続して聞いていたことが役に立ちました。

ひとつは、いち早く、NGOとつながれたこと。

2つ目は、東京や名古屋の学童保育が東日本大震災の時に保育ボランティアに行っていた話を聞いていたこと。

3つ目は、活動資金の確保が重要であると聞いていたこと。

そして、日常的に全国の学童保育のメンバーでさまざまな活動をしていて、ゆるく広くつながっていたことが何よりの力になりました。

結果として、災害時にすぐさま「子どものことを忘れないで！」と、早く大きく高く発信できたのは、私たち学童保育関係者だったのではないかと思います。

昼食づくりも始まった

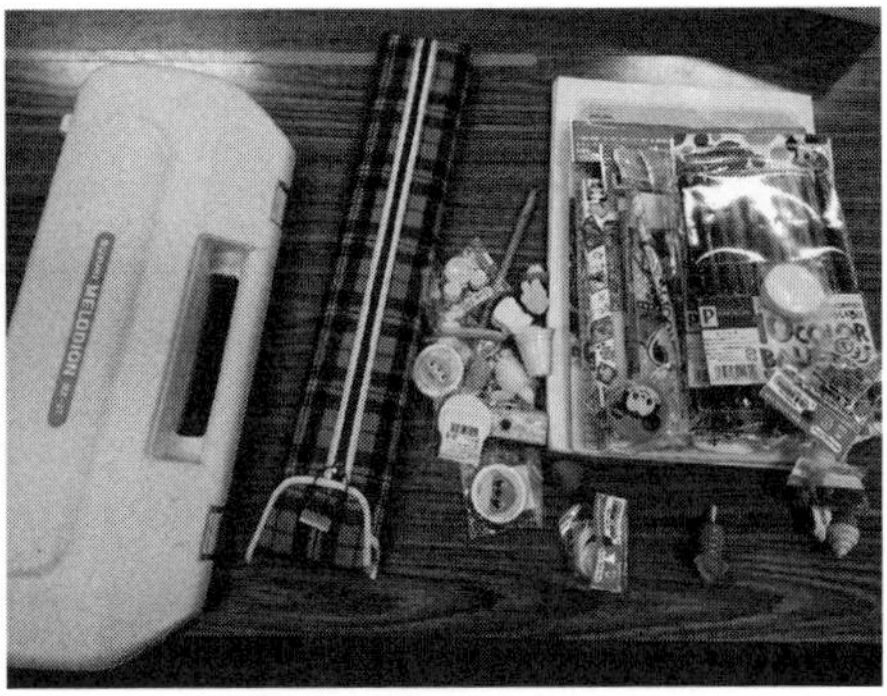

さまざまなものが提供された

倉敷市の豪雨災害下の学童保育をめぐる経過

2018年6月28日から7月8日頃にかけて、前線と台風7号の影響を受け、西日本を中心に広範囲で長期間にわたる記録的な大雨となった。

7月5日(木)	07：12　雷注意報のみ　通常登校。学童保育も通常開所 10：33　大雨注意報、洪水注意報 18：30　大雨警報、19：40　洪水警報
7月6日(金)	大雨警報、洪水警報継続中、通常通り登校（真備地区は休校） ※特別警報、暴風警報の発令で臨時休校 昼から一斉下校、学童保育も閉所。一部子どもを預かっていた学童保育もあった。 19：39　11市町村に初の大雨特別警報を発表。倉敷市に出たのは22：40
7月7日(土)	未明、小田川決壊（真備地区浸水）。
7月8日(日)	倉敷市連協が真備地区の現地調査入り
7月9日(月)	倉敷市内小中学校休校。学童保育1日保育実施。 夜、NPOの支援会議（岡山市）にて、糸山智栄がセーブ・ザ・チルドレンの赤坂美幸に出会う。
7月10日(火)	倉敷市内小中学校休校。真備地区の被災者のための保育依頼がある。 倉敷市連協三役にて保育の実施を決定。 若井暁が学生ボランティアの依頼を作陽大学の鈴木瞬へ
7月11日(水)	学校再開、真備地区の学校園は7月19日(木)まで臨時休学、そのまま夏休みとなる。
7月12日(木)	ながおキッZ第4にて、まびひょっこりクラブ開設。紙上くみこが担当。 真備地区の呉妹たんぽぽ児童クラブ開所。 昼食の提供を保護者に打診。
7月13日(金)	平井真紀らによって昼食提供開始。作陽大学鈴木ゼミにて学生ボランティア参加。 全国にSNSで資金援助を依頼。 夜の地域の会議で長尾分館が借りられることになる。
7月14日(土)	若井暁・石原靖太初対面。
7月17日(火)	まびひょっこりクラブに専任指導員の瓜生夢音着任。いのりんジャパン設立。
7月18日(水)	セーブ・ザ・チルドレンの心のケア講座実施
7月23日(月)	東京から第1号の県外指導員来てくれる。
7月30日(月)	田頭直樹らによる名古屋指導員チームの保育スタート。
8月 4日(土)	学生による学習支援開始。
8月25日(土)	「キッZまつり」まびひょっこりクラブ&ながおキッZ児童クラブ。
8月31日(金)	昼食提供終了
10月 9日(火)	長尾分館での保育終了。
10月10日(水)	まびひょっこりクラブ真備地区に移転。河北大樹が担当。
12月22日(月)	まびひょっこりクラブ閉室

参考：平成30年7月豪雨災害記録誌（岡山県危機管理課）

第 1 章
豪雨災害時の
学童保育のリアル

1 倉敷市の学童保育所の被害状況と危機対応

楠木　裕樹（倉敷市学童保育連絡協議会・会長）

1 被災当日

私は、生業である有機野菜の生産・販売をしていて、日々の日課は、早朝から直売所に野菜を納品することから始まります。

２０１８年7月7日の早朝の私は、いつものように直売所に野菜を納品に向かいました。真備町内の直売所へも納品していましたので真備町内の中心部に向かいました。しかし、真備町中心部手前5キロの地点（穂井田から真備町に通じる幹線道路）から交通渋滞となっていて身動きがとれませんでした。引き返してくるドライバーの人に聞くと、「真備町内の中心部には小田川から決壊した水があふれていて通行できない」ということでした。このため、直売所への納品を断念しました。真備町内に入ることができず、学童保育に関しても、甚大な被害にあっているだろうと想像しました。こうした被災状況の中には、家が水没し全壊の被害にあった学童保育指導員もいました。

私が運営委員長として所属していた「とみた児童クラブ」は、運営委員長が招集する会議があり、7月

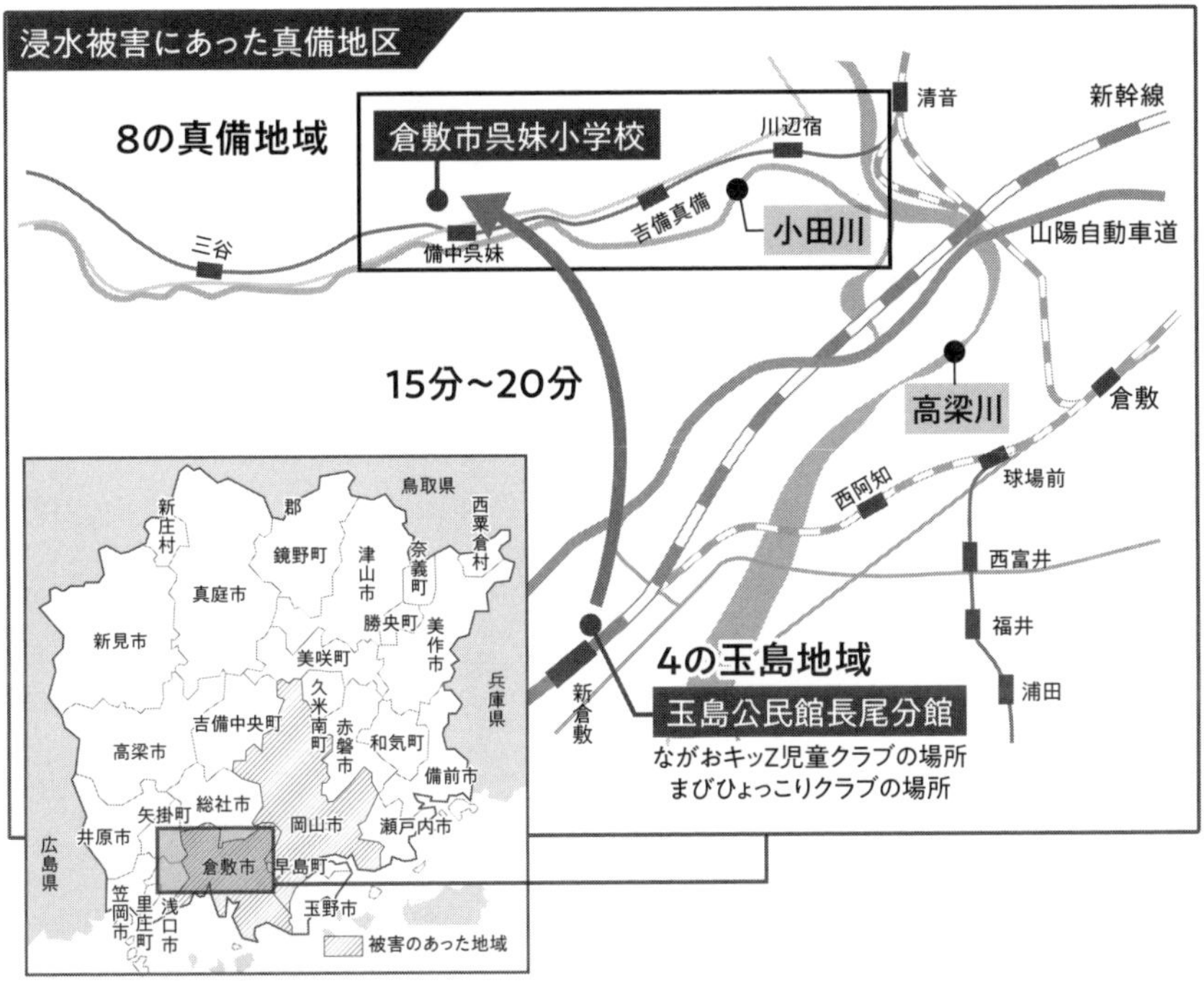

2018年7月10日㈫山陽新聞朝刊より（写真提供：共同通信）

8日午前に会議を開催しました。その会議の中で、倉敷市真備町から通勤している正規職員の指導員の自宅が水没し全壊の状況にあり、市内の親せき宅に避難しているとの報告がされ、心が痛みました。なにしろ、思い出の品々を失い、着の身着のままの生活を強いられ、意気消沈する姿や被災を乗り越えようとする姿に触れ、ただただ見守るしかありませんでした。その会議で直ちに学童保育内での見舞金（義援金）集めを決定しました。そして市内の学童保育所に関する被害状況を把握することに着手しました。

2 倉敷市学童保育連絡協議会の支援活動

倉敷市学童保育連絡協議会（以下、市連協）の若井暁さん（市連協事務局次長・ながおキッZ児童クラブ所長[1]）に被害状況の把握について連絡を入れたところ、すでに被災直後の7月8日、斎藤武次郎さん（市連協副会長）と若井さんがそれぞれ現場に入り学童保育関連の被害状況を独自調査していました。

その調査結果は、箭田《やた》地区と川辺地区の2か所が水没し、これらに隣接する岡田地域でも住宅が水没する被害を受け、避難生活を強いられた児童や指導員もいて開所困難とのこと。特に「箭田にこにこ児童クラブ」には60人の児童、「かわべっこ児童クラブ」には44人の児童が通っていました。そこで、私を含む市連協三役で状況を確認し、市連協として支援活動を推進することを決定して、取り組みを開始しました。

また並行して、倉敷市の学童保育担当者（行政）から斎藤さんに災害支援を求める依頼が来ていました。具体的には、受け入れ施設および指導員の確保、学童保育所を開設するための運営資金および資材の調達などです。そして、市連協として「ながおキッZ児童クラブ」に隣接する玉島公民館長尾分館（以下、長尾分館）をお借りして、「まびひょっこりクラブ」を開設しました。また、市連協加盟の「呉妹《くれせ》たんぽぽ児童クラブ」および「元気ほいだっこクラブ」には、被災児童の受け入れを行政と連携してお願いしました。被災した学校が使用できない事態もあって、夏休みを繰り上げる措置がとられたことから、被災直後の速やかな対応が求められていました。

「まびひょっこりクラブ」は、7月12日の新設開所となりました。開所時間は、午前8時から午後7時までとしました。「まびひょっこりクラブ」には、たちまち56名の児童が登録し、おおむね20～35人が連日生活していました。[2]

当時、多くの学童保育では、指導員の「放課後からの勤務」が常態化していて、8時間フルタイム勤務を実践している学童保育所は数か所にとどまっていました。特に夏休みを含む長期休業期間の際は、パート・アルバイトを増強して体制の強化を図らなくては運営できない事態にありました。したがって、早朝午前8時から開所する「まびひょっこりクラブ」の運営に必要な指導員の確保は、かなり難しい問題でした。

それでも市連協として「まびひょっこりクラブ」の運営を決定した以上、指導員の確保に際し、8時間労働を実践している「二福のびのびクラブ」「ながおキッZ児童クラブ」「とみた児童クラブ」「中

1 ここで表記されているのは2018年7月当時の役職です。以下、同様。
2「まびひょっこりクラブ」の開設初期の記録は第2章の「【はじめる】第1節 被災した子どもたちを受け入れる」（p48～）に、夏休み中の保育の記録は、「【かかわる】第5節 専任の学童保育指導員のかかわり」（p78～）に詳しく書かれています。

島学童保育」「倉敷市万寿学区児童育成クラブ」「天城子どもの家児童育成クラブ」の運営委員長に直接指導員の派遣をお願いしました。以上のクラブは、市連協の三役を構成するクラブであったことから、協力を呼びかけ派遣体制を組みました。その際、経験豊富な指導員を派遣してもらえるようお願いしました。その後、幅広く協力してもらえるように市連協加盟クラブおよび岡山県学童保育連絡協議会（以下、県連協）や、県連協を通して全国学童保育連絡協議会（以下、全国連協）への協力依頼をしました。

　開設するとすぐに被災児童の心のケアとその実践が求められ、熊本地震の際に被災児童のサポートを実践していたセーブ・ザ・チルドレン・ジャパンと連携して「子どものための心理的応急処置（Psychological First Aid for Children）」の研修会を7月18日に開催しました。[3] 市連協が企画してわずか１週間の短期間でしたが、会場には、指導員を中心にして１５５人の聴講がありました。講師の赤坂美幸先生（セーブ・ザ・チルドレン・ジャパン）および河嶌譲先生（国立病院機構災害医療センター救命救急科）から「被災児童は、赤ちゃん返りや被災ごっこの遊びをする特徴があることを知ってもらい、子どもに寄り添いながら子どもの話を聞いて、必要に応じて支援の内容を検討することが大切だ」という災害支援活動の視点を学びました。

　「まびひょっこりクラブ」は、12月22日まで行いました。10月9日までは長尾分館で行い、その後は、真備公民館の研修室で開設しました。[4] 開設期間中には、東京、名古屋、九州等全国から指導員が応援に駆けつけてくれました。２０１９年8月に被災した佐賀県の指導員の顔もありました。[5] 多忙な中にもかかわらず駆けつけてくださった方々、送り出してくださった関係者のみなさまに感謝申し上げます。

なお、これらの支援活動を実践するにあたり、市連協役員と現場で奮闘する指導員およびボランティア団体「いのりんジャパン」[6]の各代表で構成する災害支援会議を開催して、現場の指導員に関する運営体制の強化と配置、運営資金に関することや、保育に必要な資材の調達、「呉妹たんぽぽ児童クラブ」など被災児童の受け入れをしてくださっている学童保育所の運営実態の把握など、現場の実態に沿った議論を行いました。災害発生時当初は、10日程度の間隔、夏休みが終わった頃から20日間程度の間隔、その後は、２か月程度の間隔で議論してきました。現在は、年２回程度、真備町で開催される「ＫＩＺＵＮＡフェスタ」に合わせて企画団体として参加しています。

3 災害支援の教訓とこれからの活動

被災から5年を経た真備町では、復興に向けた奮闘の日々を重ねています。学童保育関係の施設は、すべて元の場所で開設されていますが、「まびひょっこりクラブ」が閉所するにあたり、児童の

3 本書の「第4章 災害時の子どもへの心理支援」には、現在、セーブ・ザ・チルドレン・ジャパンの精神保健・心理社会的支援エキスパートである赤坂美幸氏のコラム（p173～）があります。興味のある方はそちらを読んでください。

4 この時期の内容は、第2章の「【かかわる】第7節「まびひょっこりクラブ」の終わり」（p95～）に詳しく書かれています。

5 県外からの支援については、第2章のコラム3と第3章のコラム5に、それぞれ詳しく書かれています。

6 いのりんジャパンの石原氏の活動は、第2章の「【つなげる】第8節「いのりんジャパン」によってつながる支援」（p106～）に詳しく書かれています。

気持ちを聴き、また保護者の要望をまとめ、それぞれの学童保育所に子どもの気持ちと保護者の要望を伝えました。要望のすべてに応えてもらえない歯がゆさもありましたが、子どもたち全員を引き継いでくれたことに安堵しています。

２０１９年5月、「まびひょっこりクラブ」の同窓会を「ながおキッZ児童クラブ」で開催しました。児童38人、保護者20人（世帯）、支援にかかわった指導員・給食支援にかかわった方約20人、総計約80人が集いました。子どもたちは別室で遊び、保護者と市連協役員を含む指導員は、当時の活動を振り返り、現在の生活と学童保育に期待することや要望に関して議論を深めました。会では、保護者全員から市連協の支援活動に対して感謝が述べられ、「子どもたちは、元気に学童保育に通っている」という報告がなされました。市連協に対する要望では、市連協に加盟していない学童保育所に対し加盟するよう働きかけてくださいとのことでした。

市連協が取り組んだ約半年間の支援活動を通しての教訓は、第1に、全国の学童保育関係者とつながっていることを実感したことです。具体的には、全国の仲間から運営に必要な義援金やけん玉、独楽などの遊び道具の提供、そして特に指導員の派遣には感激しました。指導員の派遣に必要な資金を含め、地元に負担をかけない自己完結型の支援活動には「ここまで徹底した支援をしていただけるのか」という姿勢を学びました。

教訓の第2は、被災直後5日間で「まびひょっこりクラブ」を開設できたことは、指導員の身分保障を推進してきた市連協の取り組みがあったことと、初動で学童保育に特化した被災に関する独自調査を実践したことによるものです。当時の指導員の勤務実態は、放課後から勤務の方がほとんどでしたが、市連協は８時間労働を呼びかけていました。午前10時から午後７時までの勤務をすでに実践していた学童保育所を核にして指導員の確保に努め、体制を整えて取り組んだことは記述した通りです。

教訓の第３は、被災支援活動を実践して学んだことを日常の活動に生かしながら、市連協加盟の促進と、保育の質の向上に努めることです。被災者から感謝され、「災害支援活動に参加した自分が役に立った」という自己肯定感は、指導員の人間力を育てることにつながったと確信しています。

教訓の第４は、これらの学びと全国からの支援活動に対するお返しをする制度を、市連協内で確立することでした。市連協では、全国からの義援金および指導員派遣は、大変助かったことから、被災した学童保育があれば義援金の募集はもちろんのこと指導員派遣事業を完備することを確認しました。指導員派遣事業は、基金として、単年度60万円を積み立て、２人１組を２週間単位で、おおむね１か月程度派遣するというものです。２０２３年６月１日の市連協総会で報告された基金は、２０２２年度末で２，２３１，２７０円とされています。この制度の確立により、災害（学童保育に特化した）が起これば、全国連協からの要請により、全国どこへでも指導員を派遣することが可能となりました。

2

被災から「安心できる居場所」を取り戻すまでの5年間

川上　理恵子（箭田にこにこ児童クラブ・指導員）

1 豪雨災害時の学童保育所と指導員の状況

西日本豪雨のあった2018年7月6日㈮、特別警報が発令されたため学童保育所は休みとなり、私は事務仕事を終えて帰宅しました。夜には災害アラームがひっきりなしに鳴り、高馬《たかま》川と小田川が決壊したという情報が入りました。避難所までは渋滞しているとの情報があり、子どもたちや指導員が無事でいてくれることを祈るばかりでした。私自身も真備町の他地区に住んでいたため避難していました。翌朝現地を見に行き、その光景に絶望しました。

私の勤務していた学童保育所は屋根まで水に浸かっていました。また、指導員の半数は家が全壊し、身動きがとれない状況にあったものの、町外に住んでいる指導員がすぐに対応をしました。

丸一日水に浸かったものは何一つ使えるものがありませんでした。まず緊急連絡先を確認し、電話をかけて子どもたちやご家族の無事を確かめるため携帯電話を購入し、市の担当課が保管している保護者連絡先に電話をかけましたが、大半が自宅の電話番号で連絡がとれませんでした。市の担当課、ボランティア、他の学童保育所の指導員の方々が保育室の片づけをしてくださり、泥だらけの書類を洗い、乾かし、連絡先を確認する作業を経て、ようやく全員と連絡がとれたのは7月の終わりでした。

学童保育に通っていた子どもたちは、他の学童保育が一時的に開設してくださった学童保育所や、受け入れをしてくれる他の学童保育所を市の担当課が手配して保護者に紹介し、保育をすることになりました。そのため、被災していない指導員は他の学童保育所に預かっていただいている子どもの様子を見るため分散して勤務をし、自宅の片づけが終わった指導員は空いている時間を見つけ、倉庫の片づけや書類を洗い片づける作業を続けました。暑さとたたかいながら熱中症になりかけては休み、先が見えない中、それぞれが今自分のやるべき仕事をしていました。

2　一時的な保育再開の準備と疲れ

休校していた小学校は真備町内の被災していない小学校内にプレハブ校舎を建設することになりましたが、完成するまでは倉敷市内の別の小学校の一角をお借りし、9月から授業を再開しました。それに合わせ、真備町内の公民館をお借りし、8月の終わりの登校日から学童保育を再開することを決定し、急ピッチで準備に取りかかりました。

子どもたちはバスで登下校をするため、プレハブ校舎に移るまでの約1か月間、指導員は毎日車で現地に行き、子どもたちが乗るバスに一緒に乗って学童保育に帰ってきました。9月には他の学童保育に通っていた子どもたちもほぼ全員戻ってきたこともあり、新たな入会児童を含めると定員を超えていました。

保育が再開するとたくさんの方が様子を見に来られ、支援をしていただきました。その当時の運営体制は、指導員がすべての仕事を請け負い、次から次へやることが現れ、同時にたくさんの仕事をこなしていく毎日でした。保育をしながらの訪問者への対応、支援に対しての段取り、事務作業、今後の打ち合わせなど……。被災前とは異なる仕事量の多さに加えて、お借りした公民館は支援物資の受け渡し会場になっていたため、ご迷惑にならないように周囲にも気をつかい、慣れない場所での保育に疲れ切っていました。そのため、訪問者に対して毎日同じように当時の状況や子どもの様子を話したり、支援に対してお礼を言い、頭を下げるということがとてもつらく感じました。私自身も被災し、たくさんの支援を受け、お礼を言い続けてきたこともあり、支援をいただくことは本当にありがたいと思っていましたが、頭を下げ続ける自分の状況が情けなく思えてつらい日々でした。

3 安心できる居場所へ

被災から3か月が経ち、真備町内の隣の小学校にプレハブ校舎が完成し、保育室もできました。やっと自分たちの思う保育ができることでうれしい気持ちでいっぱいでした。

「つらい出来事でしたが、たくさんの方々が私たちを守ってくれた。感謝をしてこれからも笑顔で過ごしていきましょう」

そう子どもたちに話をしました。

場所が変わり、保育時間内に間に合わない保護者のために早朝保育と延長保育を新しく設けました。相変わらず仕事は多く忙しかったのですが、心に余裕ができてゆったりと保育ができることで、子どもたちも安心して過ごしていました。私自身もそうでしたが、被災し真備町を出て、親しい人たちと離れ離れになりました。町外の何事もなく過ごしている人の中で生活することはとても苦痛でした。ですが、学童保育所に来るとみんなが同じ思いをしています。大事なものも思い出の品も失くし、つらい思いをした保護者の気持ちもとても理解できました。指導員自身にとっても、被災している、していないにかかわらず、つらい思いを共有できる落ち着ける場所であったと思います。小さい子どもを抱えて途方に暮れた日々を過ごしていた保護者の方々が、少しでも安心して預けられるよう、また傷ついた子どもたちを早く日常に戻してあげたいと思いました。

4 続く災害：強雨におびえる子どもたち

1年7か月後、ようやく元の小学校に戻ることになりました。

まびひょっこりは、いろいろあそべてたのしい

ただ、保育施設はすべてが完璧に直っているわけではなく、とりあえず再開できるという程度で危険なところも数か所ありましたが、それでも元の場所に戻れたことでうれしい気持ちでした。

それから数か月経ち、再び雨の多い季節がやってきました。ある日強雨が降り、保育室の周りに泥水が溜まり始め、あっという間に水深10センチほどの水たまりに囲まれました。保育室は小学校の中にありますが、保育室に向けて傾斜があり、新しく土を入れていた学校から泥水が流れ、排水がうまくいかず溜まり続けました。それを見た子どもたちがパニックを起こしました。「怖いよー!」と大勢の子が泣き叫び、妹の姿を探したり、「おばあちゃんが……!」と泣く子もいました。小学校に戻ってからは日常的に水害についてほとんど口にすることはなく、子どもたちからも話題にあがることはありませんでした。しかし、泥水が押し寄せる光景を見て思い出したのか、見たこともない子どもたちの姿に驚愕しました。西日本豪雨の日、避難が遅れ屋根の上で救助された子もいました。真夜中の屋根の上でどんなに怖い思いをしたのか考えたら、再びつらさがよみがえってきました。「大丈夫、大丈夫」と言いながらなだめ、雨が止むのを待っていました。

雨が止むと少しずつ排水されますが、強雨が降るたびにそのような状態が続き、改修工事を依頼しましたが、大規模な工事になるためすぐには行われませんでした。何回も続くと部屋の中にまで水が入って来ないことがわかり、次第にパニックにはならなくなりましたが、泥が溜まるので雨が降るたびに水を洗い流し掃除をしました。水が溜まると外にあるトイレにも行けず、靴下を脱いでぞうりを履いて行ったり、水たまりを避けて抱っこして保護者に引き渡したりしました。工事が行われるまでの1年ちょっとの間そのような状態が続きました。

西日本豪雨災害によって箭田小学校のすぐ横の川が決壊しましたので、改修工事に5年かかり、「箭田にこにこ児童クラブ」では、夏休みなどの長期休業期間には河川改修工事のため、運動場が使えない状態で、一日保育の日に外で遊べないなどの状態が続きました。

5 元の生活へ

２０２３年度プールが完成し、河川改修も今年で終了します。被災から5年、ようやくあと一歩で元の生活に戻ることができます。また、この水害をきっかけに、このままの運営ではいけないと感じ、法人に運営委託し管理することで指導員が過度な負担を負うことがなくなりました。

これくらいなら大丈夫と思って油断し、大事なものを失い、初動が遅れてしまったことを反省し、天災はいつでも起こることを想定して、普段から備えをすることが大事だと身に染みて思いました。

悲しくつらい出来事でしたが、人のあたたかさや、迅速な支援のありがたさを、これまで生きてきた中で一番実感できました。私たちの知らないところで動いてくださった方々や他の学童保育所の指導員や市の担当課の方々、全国のみなさまのあたたかい支援に心より感謝いたします。

3

間《あいだ》の立場で学んだこと

竹下　奈美江（呉妹たんぽぽ児童クラブ・指導員）

1　2018年の夏を振り返る

２０１８年７月７日㈯の朝は、ヘリコプターらしきバタバタという大きな音で目が覚めました。夜中まで長く強く降り続いていた雨は止んでいました。外はもう明るく、なんとなく窓からのぞくと、田植えを終え緑の苗が並んでいるはずの田んぼと川、道路などの境がなく、一面巨大な泥水の水たまりができていました。とても現実とは思えない光景が広がっていました。この水害で命を落とされた方、自宅が浸水し水も食べ物も眠る場所も失った方も大勢おられました。今までテレビや新聞などでしか見たことのなかった災害が身近に起きた時、私は倉敷市真備町（被災地域）に住む、被災しなかった一住民でした。この災害を通して、私はさまざまな場面で間《あいだ》の立場について考えることになりました。

2 生活環境での間《あいだ》

自宅は少し高い位置にあったため無事でしたが、昨晩のうちに避難している方もおられ、少し歩くと床上まで浸水した家もありました。わが家はもともと井戸水を使っているため断水にも気づかず、ほとんど災害前と同じ生活が可能でした（ネットや電話が通じない、店がなく買い物先が遠くなったなどはありました）。

また、近くの団地が浸水し、かなりの人数が団地のそばの高台にある神社に避難されていましたが、そこは自主避難所のために支援が届くのに時間がかかっているようでした。水害直後はとても暑い日が続き、冷房も水もないところでの生活で、トイレにも困っていると聞きました。セミがせわしく鳴く中を、何度か支援物資を持って行きました。「飲み水はここへ入れてください」と言われましたが、疲れきった様子のみなさんにかける言葉も出てきませんでした。

後日、学童保育の用事でほかの小学校の避難所に行った時、とても驚きました。行政やボランティアの方が忙しく動かれていました。簡易トイレも整備され、物資も集まり、活気がありました。音楽さえ流れていました。もちろん避難所にいるのは、被災されて大変な苦労をされている人たちです。でも、私が知っ

呉妹たんぽぽ児童クラブ

ている自主避難所の環境とはあまりにかけ離れていました。いったいこの差は何だろうと思いました。

また、被災から1週間ほど経った頃、町外へ出ることがありました。散水車や自衛隊の車両とすれ違いながら真備町を一歩出たとたん、そこはまるで災害などなかったかのような別世界でした。泥にまみれて茶色くなっているのは真備町（被災地域）だけで、被災していない地域の人たちは普通に今まで通り生活していることに不思議な気持ちになりました。

被災地域に住んでいるのに、すぐ近所の方を含めたくさんの方が被災して大変な思いをされているのに、自分は被災していない。具体的にどう動けばみなさんの役に立つのかがわからず、もどかしく思えると同時に、だんだん自分はずるい、悪いことをしていると感じるようになりました。

3 学童保育所の環境での間《あいだ》

町内6か所の学童保育所のうち、被災した2か所の学童保育所や、避難所になって開設できない2か所の学童保育所の子どもたちを「呉妹たんぽぽ児童クラブ」でも可能な範囲で受け入れ、合同で保育することになりました。また、運動場が災害ゴミの集積場になり、急遽、小学校の家庭科室をお借りして保育することになりました。保育の環境が変わったことで指導員も戸惑いました。被災している指導員も複数いる中で、日々増えていく子どもの対応も他の学童保育所の指導員とお互い手探りで行いました。

1日の流れは「呉妹たんぽぽ児童クラブ」の夏休みの日程に沿って行いました。他の学童保育所の子どもたちは、初めての場所や友だち、指導員とのかかわりに、それぞれ遠慮や不安もありながらも毎日通ってきてくれました。お互い様子がわからず余裕もなく、些細なことで言い争う、怒鳴る、泣き出す、自分の爪や髪の毛をかむ、おんぶや抱っこを常にせがむ、フラっと出て行ってしまう、常にハイテンションで行動を抑えられないなど、被災前とは様子が明らかに違う子どもが多数いました。

「呉妹たんぽぽ児童クラブ」の子どもたちも、その環境や人の変化に対応しきれずに不安定な言動を繰り返す子がいました。「早う（自分の学童保育所に）帰れ！」「私だって、こんなところ来たくないんじゃ！」と、けんかに発展することもありました。「知らない子がたくさんいる所はしんどい」と、夏休み中はほとんど休む子もいました。予想されたことではありましたが、緊急時とはいえ、他の学童保育所の子どもや保護者の役に立ったとしても、自分の学童保育所の子が不安定になったり、学童保育に来られない状態にしてしまっていいのかと、もどかしさを感じました。「運動場のゴミを見て1日過ごさせたくない」と留守番をさせる保護者もおられましたが、どうすることもできませんでした。

ボランティアの方の支援が負担になる子どももいました。支援のおかげで、あそび、食事、工作、読み聞かせなど、たくさんの行事をすることができる一方で、知らない人の出入りが増

水がひくと周りはゴミだらけ…

え、1日のリズムが乱れることで気持ちが不安定になり、部屋から逃げ出したり、支援者に失礼なことをしてしまいました。（支援をしてもらっている）指導員の立場としては、本当に申し訳なく思いましたが、それをとがめるのではなく、寄り添うことが必要と思いました。

後から思えば、保育の内容や行事についてもっと話し合いをもち、みんなで考えたらよかったと思いますが、指導員一人ひとりが毎日を無事に過ごすことで精いっぱいでした。またお互い遠慮もあり、気になる子どものことについてミーティングができたのも、8月半ばを過ぎてからでした。指導員の不安が子どもたちには伝わっていただろうと申し訳なく思います。

みんな必死だった夏が過ぎ、一つの学童保育所は8月の最終週から、もう一つの学童保育所は9月の第1週から新しい場所で学童保育を再開することになりました。「呉妹たんぽぽ児童クラブ」も8月31日の保育終了後、元の学童保育所に荷物を戻しました。小学校の先生方も手伝ってくださり、「お疲れさまでした」と声をかけられたときは、なんとか終わったことがうれしくもあり、また寂しくもありました。ただ、もし、また何かあっても今回のように学童保育所を超えて協力し合えば何とかなると思えました。子どもたちも最後には本当に仲良くなって、夏休みが終わってもまたみんなに会いたいと、3か所の学童保育合同のあそびの会を2回も開いたほどです。このつながりを子どもたち一人ひとりが育て、次につなげてほしいと思います。

4 災害を経験して思うこと

今回のことで一番感じたのは、間《あいだ》の苦しさでした。被災地域に住んでいるのに、自分は被災していない、間《あいだ》にいる。学童保育としても同じ立場でした。これが支援になっているのか、もっと役に立たなくてはと責められている気持ちでした。また、どう支援したらいいのかがわからないために、自分がもどかしく自信をもてませんでした。

今後も災害がなくなることはないと考えた時、被災者でも非被災者でもなく、その間《あいだ》の立場の人が必ずいると思います。普段から地域の中で情報交換し合い、声をかけ合える関係を築きながら、有事の際に間《あいだ》の立場に立った人がするべきことをみんなが知っていれば、もっと早く状況を把握し、各々が動き、被害も小さくなります。自分がするべきことをすればいいと自信をもって行動できると思います。

災害後、学童保育所の保育の方針に「災害の経験を活かし、地域の一員であるという自覚をもって行動する」という目標を追加しました。災害があったから出会えた人たちや得られたつながりと経験を活かし、地域の一員として自分にできること、学童保育所にできること、伝えなければならないことがあると思うのです。

間《あいだ》の立場を経験したからこそ学べたことだと、今は素直に思います。

学童保育の周りで集めた災害ゴミ

4 被災地域の近隣の学童保育のリアル

籠田　桂子（ながおキッヱ児童クラブ・所長）

❶ 西日本豪雨で被災した真備の子どもたちを受け入れる

「ながおキッヱ児童クラブ」は、真備地区の隣の倉敷市玉島地区にあります。２０１８年度は２５６人の子どもたちと常時24人の指導員で生活していました。学校外プレハブ４施設と民家２施設で運営し、倉敷市の中でも一番入所児童数の多い学童保育所でした。

西日本豪雨では、玉島地区もあちこちで川が氾濫し、近隣の新倉敷駅の１階も水に浸かりました。７月６日㈮は小学校が休校になり、９日、10日も休校になるとの連絡を受けて、当時、倉敷市から委託を受けて運営していた「ながおキッヱ児童クラブ地域運営委員会」を８日㈰に臨時開催しました。休校中に「ながおキッヱ児童クラブ」を開所するか、それともしないかの判断をするためです。

保護者の送迎で開所することを決めた後、被災した学童保育所への支援について話し合いました。倉敷市からの要請もあり、夏休みだけでも被災した真備の子どもたちを受け入れられないかと考えましたが、「ながおキッヱ児童クラブ」は大規模クラブです。学童保育所は、子どもたちの生活の場なのだから1施設の定員を超えてまでは受け入れられない、だとしたら何人まで受け入れられるのか。個別に受け入れるとしても、真備の子どもたちが過ごせる場所の確保、保育する指導員はどうするのか、受け入れのシステムづくりなど課題は多くありました。ですが、その時に参加していた運営委員、保護者、指導員、みんなで「受け入れよう」と決めました。

「ながおキッZ児童クラブ」の隣の玉島公民館長尾分館をお借りして、「まびひょっこりクラブ」が始まりました。「ながおキッZ児童クラブ」の指導員も4人被災して出勤できない状況の中、「まびひょっこりクラブ」へ指導員を配置しました。そして、次々出てくる課題について何度も夜中まで話し合いをしました。

2 誰にとっても2018年の夏は同じ時間

公民館のグランドには防災コンテナホテルが設置され、小学校の校庭は、真備への中継のための消防車の駐車場になりました。当時の「ながおキッZ児童クラブ」の所長であった若井暁さんは真備の支援に専念し、何人かの指導員は、「まびひょっこりクラブ」と兼任で保育をしていました。

ある日、保護者から「真備が大変な時で、みんなで支援していかなくてはいけないことはわかっているけど、キッZの子どもの保育って、どうなってるんですか?」「真備の子どもたちをキッZで受け入れなくてはいけなかったんですか?」と言われました。

私は、その保護者の意見はもっともなことだと思いました。日々の保育の中で、支援が必要な子どもに対してのかかわりを「ずるい」「ひいき」と言い出す子どもがいます。その言葉を聞いたとき、「ああ、この子に丁寧にかかわれていなかったんだ」と反省します。子どもたちは、自分のことを大切にしてくれていると思えると、他者のことも大切にしようとします。いつもと違う光景やたくさんの知らない大人たちが出入りする中で、「ながおキッズ児童クラブ」の子どもたちや保護者を不安にさせてはいけない。真備の子どもたちを支援していくためにこそ、「ながおキッズ児童クラブ」の子どもたちの夏休みを充実したものにしようと思いました。

3 子どもたちと取り組んだ夏休み

年度当初から計画していた岡山県と日本対がん協会主催の「たばこフリーキッズ」への参加は中止になり、次年度に実施されることになりました。しかし、7月23日、「ながおキッズ児童クラブ」の3、4年生53人と真備の子どもたち22人が参加して、人と科学の未来館「サイピア」主催の「サイエンスショー」を開催しました。25日には、「ながおキッズ児童クラブ」6施設の中から25人の子どもたちが、スクリーンの向こうのネパールの子どもたち45人と目の前の「まびひょっこりクラブ」の子どもたちへ向けて「けん玉ダンス」を披露しました。準備や打ち合わせと大変でしたが、中継で子どもたちの興奮した姿を見ることができました。

「ながおキッズ児童クラブ」では、毎年夏休みに「キッズまつり」という夏祭りを実施しています。2018年度は、一部（＝昼間の部）はお店屋さんごっこ、二部（＝夜の部）は子どもたちの舞台と本物の屋台で開催しました。「キッZまつり」は、各施設代表の子ども実行委員で企画、運営をする子どもたちの夏祭りです。7月24日の第三回子ども実行委員会で、「まびひょっこりクラブ」がお店を出すかどうかが議題になりました。「真備の子たちは買い物に来るだけでいいんじゃない」「やりたいならいっしょにやろう」「真備の子たちも実行委員に入ってもらおう」子どもたちは、「まびひょっこりクラブ」の子どもたちといっしょに「キッZまつり」に取り組むと決めました。一部には、「まびひょっこりクラブ」の子どもたちも「カエルとびとび」「しゃてき」「人間もぐらたたき」のお店を出しました。今年のテーマの看板には「まびひょっこりクラブ&ながおキッZじどうクラブ」と書かれていました。

二部は、保護者のお店・夢かなえ隊（保護者有志）のお店・ながおキッZ児童クラブOBのお店・くらしき作陽大学COC[1]のお店・くらしき作陽大学真備ボランティアのお店・地元のからあげ屋のお店と屋台がたくさん並び、大盛り上がりでした。

「まびひょっこりクラブ」の子どもたちも舞台に上がって、最後に挨拶をしてくれました。みんなで話して、屋台の収益金は、真備の復興のために寄付をしました。

まびの子たちも一緒に！

1 大学の地域社会との連携強化による地域の課題解決を支援する文部科学省の施策。

4「支援」を考える

真備の子どもたちを受け入れて、「ながおキッZ児童クラブ」の指導員が不足するという状況の中、ボランティアの方々に「ながおキッZ児童クラブ」のお手伝いに来てもらえないだろうかとお願いしました。けれど、真備の支援に来ているからと、断られました。また、ボランティアの学生が「せっかく来たのにすることがなかった」と言われているのを聞いて、支援とは何だろうと思いました。

被災された方々に直接寄り添い、生活基盤の回復をお手伝いすることは大切な支援です。でも、災害は水面に、大きな一滴が落ちたようなものです。波紋は広がっていきます。その波紋の中にいた私にとっては、波紋を鎮めて日常に戻していくことが大切でした。

私は、直接的には真備の子どもたちにかかわっていません。でも、数年経ったある日、偶然会った「まびひょっこりクラブ」の保護者の方から「何もかも中止になっていたあの夏に、キッZさんがお祭りをしてくれた。子どもとあの夏の話をする時、最後はお祭りの話になるんです」と言われました。真備の支援に直接かかわる人たちが熱く語っている横で、直接何かしたわけではない私には、後ろめたい気持ちがありました。でも、あの夏にいつも通りを全うしたことも、もしかしたら支援だと言えるのかもしれないと思えた言葉でした。

支援は「してあげること」ではない。特に災害支援は日常を取り戻すことが目的ではないかなと思います。そして、大切なのは自分の場所で自分のできることをしていくことではないでしょうか。

コラム1

震災、水害における熊本県の学童保育のリアル

神田　公司（熊本県学童保育連絡協議会・会長）

1 熊本地震

２０１６年４月14日と16日に二度の震度７が発生しました。

二度の震度７を経験したことで被害はさらに広がりました。

さて、どのように被災した学童保育所に支援をすべきか、熊本県学童保育連絡協議会（以下、熊本県連協）役員会で連日議論をし、東日本大震災での学童保育所支援を行ってきた全国学童保育連絡協議会（以下、全国連協）にアドバイスを求めました。

その際のアドバイスは「熊本県連協の加盟／未加盟にかかわらず、被災したすべての学童保育所に支援をすること」でした。

そこから、熊本県連協役員で被災地域の学童保育所の被災状況を電話や訪問で確認し、最初は外遊びができない子どもたちが室内で楽しめるゲームなどを届けました。

地震直後から全国から問い合わせや見舞いの電話が殺到し、熊本県連協では、これらの状況を踏まえて、２０１６年５月、「熊本地震学童保育募金」（以下、募金）活動を呼びかけました。募金は総額で最終的に７１２万円を超えました。

本震の震源地で被害が大きかった益城《ましき》町では、「広安西小育成クラブ」の自らも被災した指導員によってセーブ・ザ・チルドレン・ジャパンとの共同の「あそびのひろば」が避難所である

体育館で暮らす子どもたちを対象として開設されました。小学校内の空き教室が使えず、どこの学童保育所も子どもであふれる状態になり、２０１６年７月に「広安西小すずらん育成クラブ」「益城中央小児童クラブ」の仮設施設が設置されました。この仮設施設の建設では宮城県のプレハブ会社を熊本県子ども未来課が紹介してくれ、熊本県連協は「募金」を活用して備品購入を、プレハブの基礎工事代金はセーブ・ザ・チルドレン・ジャパンがそれぞれ担当しました。

さらに地震発生当初から駆けつけていただいた植木信一氏（新潟県立大学・教授）のご協力で「心のケアのための遊びのプログラム」を、益城町、嘉島《かしま》町、山鹿《やまが》市、合志《こうし》市等の各地の学童保育所で行いました。このプログラムは２０１９年まで続きました。

また、セーブ・ザ・チルドレン・ジャパンの支援で、東日本大震災で被災した岩手県の指導員による研修会も開催され、被災し余震でおびえる子どもたちへのケアについても学びました。

熊本県やＮＧＯの支援、そして募金の活用でいち早く被災地での学童保育が再開され、子どもたちや保護者、指導員を励ましたことは本当

熊本市で行った防災マニュアル検討ワークショップ（2024 年 2 月 22 日）

にすばらしく、全国の学童保育に通う子どもたちと保護者、運営者をはじめ全国のみなさんに心から感謝を申し上げます。

こうした支援活動の一方で熊本県連協では県に対し、被災した世帯の子どもたちの利用料（保育料）の減免を要望し、熊本県は被災状況に応じて全額または半額の減免制度をつくりました。この制度は２０１６年から２年間行われました。

2 ２０２０年７月豪雨

２０２０年７月３日から７月31日にかけて、熊本県を中心に発生した集中豪雨である「２０２０年７月豪雨」では、熊本県連協は八代市坂本町、人吉市、芦北町の被災した学童保育に対して、全国連協が呼びかける「自然災害学童保育支援募金」を活用して見舞金を配るとともに、被災したひとり親世帯への利用料（保育料）の支援や水害で使えなくなった書籍、暖房器具の購入などを行いました。

さらに災害直後コロナ禍で熊本県入りができなかったセーブ・ザ・チルドレン・ジャパンに代わり、セーブ・ザ・チルドレン・ジャパンからの被災した子どもたちへの「子ども用キット」８００袋を人吉市の子どもたちに配布しました。

とりわけ坂本町放課後児童クラブは八代市中心街のやつしろハーモニーホールのエントランスのスペースで仮の学童保育所を開設するなど、大変不自由な運営が行われました。熊本県連協は子どもたちや被災した指導員へのサポートも行いました。

熊本県は被災者支援の一環として、被災した学童保育に通う子どもたちの利用料（保育料）を７月から９か月間、熊本地震の時同様に被災状況に応じて全額または半額の減免制度をつくりました。

3 震災・水害を経験して

短期間の間に熊本では主に2つの大きな災害を経験しました。そのたびに熊本県連協として被災した学童保育所に通う子どもたちへの支援、その子どもたちを支援する指導員のみなさんへのケアをいかに取り組んでいくかを考えてきました。

一つ目は「普段の備え」です。防災頭巾や非常用持ち出し袋、救急箱を備え、避難訓練等を実施することです。いくら備えがあってもこれらをいかに活用するかが必要で、子どもたちとの話し合いや訓練が必要です。

二つ目は「行政やNGOなどのボランティア団体、全国の学童保育の仲間たちとの連携」です。熊本地震や2020年7月豪雨では、いち早く全国連協と熊本県、セーブ・ザ・チルドレン・ジャパンと情報共有し、初期対応、長期化する避難生活の中での子どもたちのケア、さらに仮設の学童保育所の設置、被災した世帯への利用料（保育料）の減免などを実現できたことは、これらの行政を含めた他の組織との連携なしにはあり得ませんでした。

三つ目は「遊びの力」です。「心のケアのための遊びのプログラム」を通し、災害を経験した子どもたちの心のケアとして、遊びを通して元気を取り戻す子どもたちの姿を確認することができました。

最後に、熊本地震と豪雨災害を経験することで、改めて災害は多様であり、その時の災害の状況で対応は違ってくることを痛感しました。

私たちはこうした大きな災害を経験することで、防災や災害時の対応をさまざまな機会を通して学び、具現化したいと思います。

第2章
みんなの想いでつないだ緊急時の学童保育実践

はじめる

「まびひょっこりクラブ」という緊急時の学童保育実践はどのようにはじまったのか。【はじめる】は、２０１８年7月12日の最初の受け入れを担った紙上くみこさん（第1節）と、13日から昼食支援を始めた平井真紀さん（第2節）による実践の記録から始めたいと思います。「まびひょっこりクラブ」の基盤を創ったお二人の実践。短い期間ではあるものの、その実践にはたくさんの想いが込められています。

しかし、すぐに夏休みに入ろうという時期にあって、結果的に、「ながおキッズ児童クラブ」の指導員と保護者だけで、その運営を担うことは不可能でした。そのため、玉島公民館長尾分

館をお借りしたり、「栄養改善協議会」の方々の協力を得たりしながら、つまりは、地域と協力しながら「まぴひょっこりクラブ」の保育支援を展開していきました。

第3節では、保育支援を続けるために奔走していた若井暁さん、第4節では、他県の方々にも活動を発信し、支援の輪をつないだ糸山智栄さんによる実践記録が続きます。本書の視点である「ブリコラージュ」は、編著者でもあるこの2人のマインドやスタンスを意識したものでもあります。当時、平井さんたちの声かけに応じ、昼食支援にかかわってくれた保護者のコラムとあわせてお読みください。

1

被災した子どもたちを受け入れる

紙上　くみこ（くろさきっず児童クラブ・指導員）

1 阪神・淡路大震災の経験と被災した子どもたちへの想い

当時の私は、「ながおキッZ児童クラブ」で働いて3年目になる指導員で、第4施設の主任をしながら、真備の子どもたちを受け入れて、最初の2日間の保育を担当しました。

私は、5歳の時に阪神・淡路大震災を経験しています。地元の姫路市は、震源地の神戸から離れているものの、ベッドで寝ていた私に向かって本棚が倒れてきて、「大丈夫か！」と父が本棚を必死に押さえてくれたことを覚えています。学生時代は、神戸の小学校や神戸ルミナリエでボランティアをしました。泣きながら子どもたちに震災の状況を話す先生や、神戸ルミナリエで体を震わせて祈る人たちの姿を見てきました。現在、神戸はきれいな街になっています。しかし、阪神・淡路大震災の写真や映像を見ると、私が当たり前のように学生生活を送れたのは、どれだけの大人がどれだけの力を注ぎ復興してきたからなのだろうか、考えれば考えるほど感謝しかありませんでした。いつか私もこの恩をどこかで返したいと思っていました。

私が所属する「ながおキッZ児童クラブ」第4施設は、プレハブで2部屋あり、「ながおキッZ児童クラブ」では1番広い施設でした。真備の子どもたちを第4施設で保育することが決まった時、「困っている人がいるなら、助けたい」「これが恩返しの時だ」と素直に受け入れることができました。しかし、被災した子どもたちへの対応がわからず、初めての事態に不安でいっぱいでした。「どんな子が来るんだろう」「どうやって話しかければいいだろう」「どんなことが必要だろう」「何に気をつければいいだろう」考えてもわからないことばかりでした。他の災害の時には、学童保育でどうしていたのだろうか、何か文献はないだろうかと不安を解消すべく必死に調べました。

東日本大震災の時、「津波ごっこ」「災害ごっこ」をしていたという事例を見つけました。私は学童保育所で防災・防犯担当だったので、「災害ごっこ」という言葉は以前から知っていました。「津波ごっこ」の事例の中にも「怖かった出来事をあそびながら受け入れている」と書かれていました。こうした「災害ごっこ」はあるかもしれないと、心づもりをしていました。そして、「ここにいても大丈夫」「明日も行きたい」と真備の子どもたちが思えるように、安心して楽しく過ごしてほしいと考えていました。

2 初日受け入れ時の様子

2018年7月12日、受け入れ初日。朝8時から「ながおキッ

ザリガニ釣りにしゅっぱーつ！

Z児童クラブ」第4施設を開所し、真備から12人の子どもたちが来ました。保護者から、「受け入れてくださってありがとうございます」「この子はやんちゃだからどうかな?」と聞かれたので、「大丈夫ですよ。大変でしたね」と言うと、保護者はうんうんと頷きながら泣いていました。「(駐車場に)○○ちゃん家の車が見えて安心した!」「一人だとどうしようかと思った」「無事だったんな。よかった」と泣きながら抱き合うママ友の姿も見られました。

子どもたちは、用意したおもちゃに喜び、あそび始めました。しかし、新幹線が通る「ゴー」という大きな音や「ゴロゴロ」と雷の音が聞こえると、豪雨の大きな雨音を思い出したのか、表情が強ばり、体をビクッとさせておびえました。私は、「大丈夫だよ」と子どもたちの肩をなで、一緒に新幹線を見るうちに落ち着いていきました。

子どもの持ち物を見ると、帽子、水筒、ハンカチがありませんでした。運動靴もないので、サンダルを履いていました。飲み物は、避難所で支給された「10年保存」と書かれたペットボトルの水やお茶で、昼食はカップ麺、コンビニおにぎり、パン、コンビニそうめん、おばあちゃんが作ったお弁当などでした。ジュースを持っている子がいると、「ええなー、アクエリアス」と羨ましく見えるようでした。「準備で困ったことはないですか?」と保護者に尋ねると、「着替えは、避難所にあるから大丈夫」「水やお茶はあるけど、コーヒーや紅茶が飲みたい」「子どもたちもジュースを飲んでいない」と話しました。

つかれたね。おやすみ

当初は、第4施設で「ながおキッズ児童クラブ」の子どもたちと一緒に真備の子どもたちも保育をすることを予定していましたが、真備から子どもの人数が予想よりも多く来ました。午後からは「ながおキッズ児童クラブ」の子どもたちが登所します。同じ部屋にいては、「ながおキッズ児童クラブ」の保育が十分にできなくなるのではないかと懸念し、急遽、真備の子どもたちの保育室として、「ながおキッズ児童クラブ」の近くにある玉島公民館長尾分館（以下、長尾分館）を借りました。真備の子どもたちには、「お昼からは別の場所に行くよ！　どんな所かな？　冒険しに行こう」と楽しい雰囲気で伝え、昼食や荷物を持って長尾分館へ移動しました。

3 食事中に思い出す「被災時の状況」

指導員が声をかけ、手を洗った人から座ります。「ながおキッズ児童クラブ」にあったハンカチを貸し出しました。ごはんを食べながら、好きな食べ物や学校の話をしました。その途中で、「オレのランドセルは流されたんよ」「オレの家は屋根まで浸かったんよ」「1日目はここ（鼻）まで浸かって、2日目はここ（胸）まで浸かったんよ」「お前ん家はどこまで浸かった?」「（指導員の）お家は浸かったの?」と他の話題と同じトーンのまま、被災の状況について話し出しました。私は話を聞きながら、「そうだったんだ」「大変だったね」「びっくりしたね」「私の家は浸かってないよ」と子どもの気持ちに共感をしながら話しました。

食事中には、ふと家のことや怖かったことを思い出しやすいようで、ケアが必要だと感じました。

ただし、子どもが話すまでは被災の様子は聞かないこと、子どもが話し始めたら、話を止めたりそらしたりせずに、共感しながら受けとめようと考えていました。

4 ながおキッズ児童クラブと真備の子どもたちの保育の両立

14時半頃には、「ながおキッズ児童クラブ」の子どもたちが帰ってきました。短縮授業でいつもより下校が早く、にぎやかに過ごしていました。私が真備の子どもたちの保育をしている間、第4施設の保育は、他の指導員に任せていました。第4施設にいる子どもが、真備で被災した祖父母の家を見て、ショックを受けている、いつもより言動が荒っぽくなっていると知りました。第4施設の子どもたちにも心身のケアが必要だと感じました。

第4施設の指導員には「どうして真備の子の分のハンカチや帽子まで…」「第4はどうするの?」と言われ、「真備の子どもたちには、今、支援が必要なのにどうしてわかってくれないんだろう。でも、主任として第4の子どもたちのこともちゃんと考えないといけない」と両方の支援が必要なこともわかりつつ、保育を任せきりにされた指導員のことを考えることができていませんでした。それぞれの指導員が、「ながおキッズ児童クラブ」の保育も真備の保育も、精一杯がんばっていました。ただ時間的にも、心にも余裕がなく、「どうするの?」と言われ、両立できていない現状に、返す言

昼食のかたづけ中にも災害ごっこ

葉がありませんでした。

5 災害ごっこ

長尾分館の和室の押し入れには、座布団がたくさん入っていました。真備の子どもたちは、押し入れから次々と座布団を出して、空っぽになった押し入れに立ち、「ここがオレたちの基地だ」とあそび始めました。その基地づくりの流れで、災害ごっこが始まりました。

「オレを埋めてくれ」と2年生のシュンが言いました。シュンは近くにいた子に手伝ってもらい、自分の体に座布団を重ねて埋もれていきます。そして、手足をバタバタさせ、「助けてー」と言いました。1年生のアキラもシュンの真似をして、うれしそうに座布団の山に埋もれていきました。その様子を見ていた4年生のリナが、「ねえねえ」と私を呼び、「アキラくん、どーこだ?」と座布団に埋もれた2人を探すあそびが始まりました。

私は「これが災害ごっこか」とドキッとしました。あそびを通して、怖かった被災の出来事を受け入れているんだと思い、一緒にあそぶことにしました。私は「どこかな?」と言って、シュンとアキラの足をくすぐりました。「ここにおったんか。よーし！ みんなで、こちょこちょして2人を助けるぞー！」と周りの子も一緒に2人をくすぐり始めました。「あーやめて！ こしょばい〜」とシュンとアキラが笑い、座布団を取っていきました。座布団がなくなり、「あーよかった。シュンもアキラも助かった」とあそびを終えました。

6 「まびひょっこりおもしろおたからクラブ」の誕生

災害ごっこが終わった後、ふと「真備のみんなー」と呼ぶのも味気なく感じ、「ぼくたちのクラブ」という安心感や居場所としての意識がもてたらいいなと考えました。

ホワイトボードの前に子どもたちを集めて、「ここで過ごすみんなのクラブの名前を考えん？」「どんな名前がいいと思う？」と提案し、次々と意見を書いていきました。

「へんたいクラブ」「おっぱいクラブ」「うんこクラブ」と下ネタもとびかう中、リナが仕切り、最終的に「まびまびクラブ」「ひょっこりクラブ」「おもしろクラブ」「おたからクラブ」の4つが残りました。アキラが「全部くっつけりゃええが」とつぶやき、「それ面白い！」とみんなの意見で、「まびひょっこりおもしろおたからクラブ」が誕生しました。

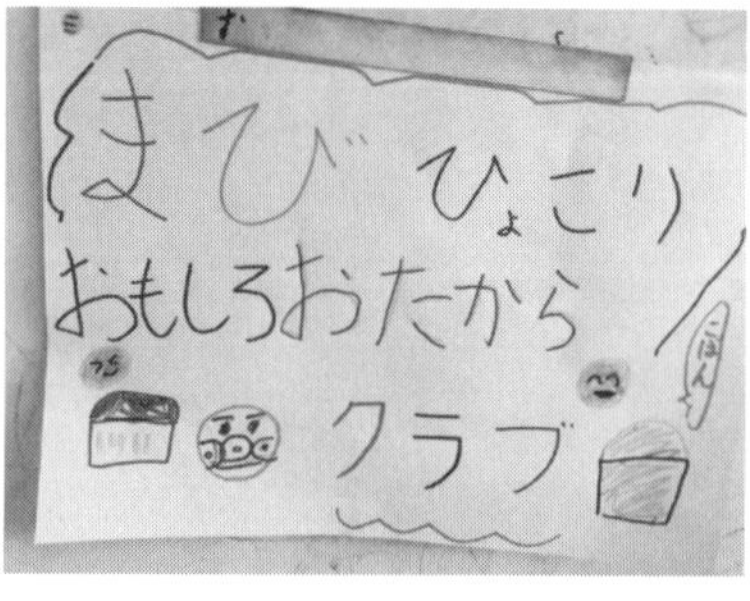

みんなでつくった学童保育！

7 ひょっこりカフェでお迎え

夕方になり、そろそろ保護者が迎えに来る頃、保護者の「コーヒーが飲みたい」の一言を思い出し、コーヒーやジュースを用意しました。私は、あそびながら楽しく提供できたらと思い、コーヒーを持って「みんなでカフェせん？　迎えに来たお母さんたちにコーヒーとか出そうよ」と提案しました。「誰か、カフェのメニュー書いてくれんかな?」と言うと「やるー」「メニュー書きたい」と集まってきました。「カフェの名前、何にする?　ひょっこりカフェ?（笑）」と私が言うと、「うん！ひょっこりカフェ」「カフェの看板もつくる」と次々に子どもたちが看板とメニューづくりに取りかかり、カフェごっこが始まりました。

保護者が迎えに来ると、カフェの店員になった子どもたちがうれしそうに近づき、「ご注文いかがですか?」「飲み物は何がいいですか?」「ここに座ってください」と声をかけます。笑顔であそぶ子どもの姿にホッとした表情を浮かべ、うれしそうに「じゃあコーヒー一つ」と注文しました。「気づいたら3時になっていて、お昼ごはんを食べるのを忘れてたからすごくうれしい」とコーヒーと一緒におやつを食べました。暑い中、泥にまみれた家を一生懸命片づけたので、汗で化粧はとれ、首には泥のついた汗拭きタオルを巻いて、服も靴も泥だらけでした。

明日からは、炊き出しをするので、昼食の用意がいらないことを伝えると「炊き出しありがたい。やさしさがうれしい」「お昼の用意ができないからありがたい」と泣いて喜んでいました。子どもたちに「また明日も元気に来てね」「待ってるよ」と伝え、受け入れ初日の１日が終わりました。

開店です！ ひょっこりカフェ

2

温かい食事を子どもたちに

平井　真紀（とみた児童クラブ・指導員）

1 やりましょう！の一言から

２０１８年7月12日のお昼頃。当時、「ながおキッズ児童クラブ」の所長だった若井暁さんから「昼食支援、保護者会でやりましょう！」と電話がかかってきました。最初は、何のことだかわからなかったのですが、聞くと、この日から受け入れている真備の子どもたちの保育支援で、お弁当を持ってこられない人が多くいるので、これをどうにかしたいとのことでした。当時、私は「ながおキッズ児童クラブ」の保護者代表の一人でしたが、一緒に保護者代表をしていた髙橋友美さんと先に話をしていて「昼食支援をする」は決定したので、私に進めてほしいという依頼でした。「あ〜、また若井先生の無茶ぶりが始まった」と思ったものの、真備の被害を聞いていて「何かすることはないか？」と思っていた時だったので、その依頼を受けることにしました。

すぐに、髙橋さんに連絡をとり、翌日からの段取りを決めました。現在の受け入れ人数、買い出しはどこに行くのか、何をつくるのか、そして、その資金はどうするのか。そして、いつまで続くかわからないこの状況をどうやって維持するのか。考えないといけないことは山積みでしたが、なぜか、「何とかなる!」と思えたのは「ながおキッズ児童クラブ」の保護者といろんなことをやってきた経験があったからかもしれません。

あわせて「ながおキッズ児童クラブ」の全保護者に指導員の先生から、①真備の保育支援の一環として昼食提供を保護者会で行うことになったこと、②炊き出しボランティアが可能な方は連絡してほしいこと、③食材で寄付可能なものがあれば、「ながおキッズ児童クラブ」に持って来てほしいことを連絡してもらいました。

2 不安だらけの1日目

7月13日、朝から髙橋さんと買い物に行き、12時までに調理完了をすべく、準備をしました。幸い、調理場所として、保育場所である玉島公民館長尾分館（以下、長尾分館）には調理室があったのでそこを使わせていただくことができました。この日は子どもや大人あわせて24人分の「焼きそば、豚汁、塩おむすび」をつくりました。

髙橋さんと二人でつくりながら、「味はこれでい

おかわりしていーい!?

いの？」「量は少なくない？」「子どもたちは食べてくれるかな？」と不安ばかりだったことを覚えています。しかし、子どもたちが楽しそうにごはんを食べている姿を見て安心しました。

3 支援を続けるためにしたこと

1日目が終わり、どのぐらいの人数でどれだけの量をつくったかを記録し、翌日以降の人に共有することが必要だと思い「炊き出しノート」をつくりました。このノートには「調理にかかわった人」「その日の子ども、大人の人数」「メニュー」「材料」そして「気づいたこと」「次の日以降に引き継いだほうがいいこと」を、7月13日から8月31日まで書き残しました。

今回の炊き出しボランティアは、「ながおキッZ児童クラブ」の保護者会の「できる人ができる時にできることを」の精神だったと思います。学童保育の保護者はみなさん仕事をもたれています。学童なので、午前中に炊き出しボランティアに来てく

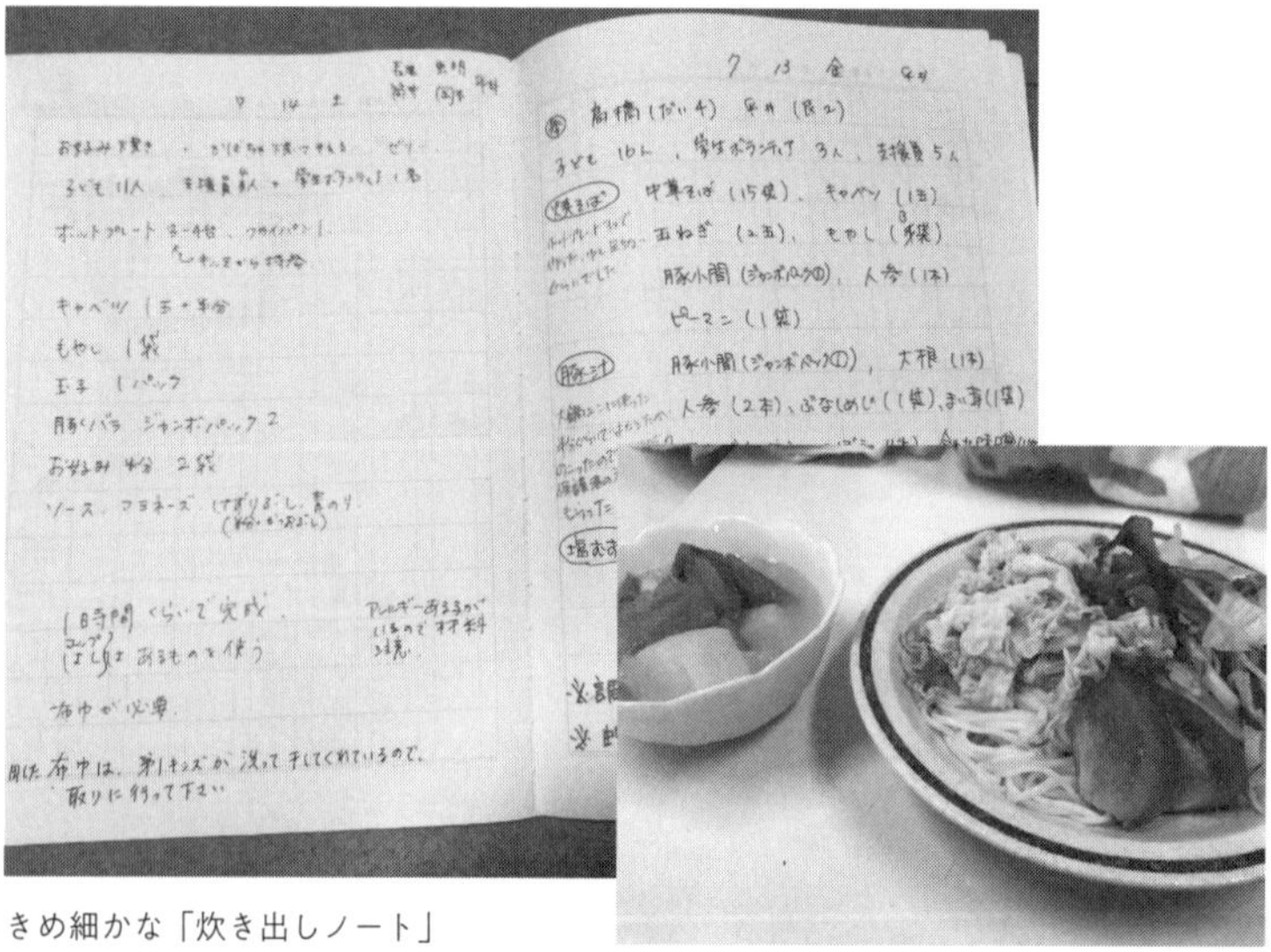

きめ細かな「炊き出しノート」

ださい！と言っても来られない人がほとんどだったと思います。ですが、炊き出しボランティアには参加できなくても寄付などの支援をしてくださった方もいました。気づけば、長尾分館の廊下は寄付物品でいっぱいになっていました。

また、自分は行けないけど知人などに伝えてくださったので、長尾小学校の保護者や倉敷市内の学童保育の保護者が炊き出しボランティアに参加してくださることもありました。みんな、「近くであった災害で何かしたいと思っていたので、逆にありがたかった」と言われていました。

今でこそ、ＬＩＮＥなどのＳＮＳで情報交換が盛んに行われている時代ですが、当時はまだメールが主流の時代でした。なので、臨時でインターネット掲示板を開設したりして、「〇〇日のお手伝いが足りない」「〇〇の寄付がほしい」などの情報を流していました。そして、集まった情報や物品を髙橋さんと一緒に整理し、毎日の昼食支援がスムーズにできるようにしていきました。

大学生と語りあう昼食のひと時

4 地域とのつながり

地域の「栄養改善協議会」の方には大変ご尽力していただきました。「ながおキッズ児童クラブ」の保護者は学童保育に預けている＝仕事をされています。なので、「ながおキッズ児童クラブ」だけで毎日の炊き出しを行うことは不可能と思っていました。そんな中、「栄養改善協議会」の方が、毎日のメニューを考え、買い物もしてくださいました。本当に感謝しています。私たち保護者は行ける人が調理開始時間に行き、指示されたことをお手伝いさせていただきました。ふだんから地域とのかかわりをもってくれていた指導員の方のおかげだと思っています。

5 昼食支援を通じてのかかわり

毎日ご飯をつくっていると、「今日は何？」「運ぶのを手伝おうか？」といいに来てくれる子どもたちが増えてきました。また、残ったごはんをひょっこりカフェで提供したりもしました。私たちがつくったごはんを「美味しい」と言って食べてくれた方々に感謝しています。

「自分たちにも何かできないか？」と思っていたところでの支援でしたが、私たちにとってはすごく貴重な体験をさせていただきました。私たちでもできることがあるんだと思うことができたと同時に、ふだんからのつながりの大切さを改めて感じた期間でした。

3 行き当たりばったりで始めた支援、救ってくれたのは地域だった

若井　暁（NPO法人くらしき放課後児童クラブ支援センター・統括責任者）

1 豪雨災害と一本の電話

特別警報で倉敷市の学童保育が閉所となった2018年7月6日。そして、7日未明に川が決壊し、豪雨災害となりました。私は、当時真備地区から車で20分の所に位置する倉敷市玉島地区にある「ながおキッZ児童クラブ」で主任指導員をしながら、6施設の所長を兼任していました。

豪雨災害により、真備地区の6小学校区の内、2つの学区の学童保育の施設が水没し使用できない状況にありました。その他の4つの施設も避難所になっていたり、使用困難な状況でした。

そんな中、10日の午前中に「真備の子どもたちの保育ができないか」という一本の電話が入りました。私は、「10時からだと勤務時間内なのでできます」と答えましたが、「8時からしてほしい」と伝えられて、「それはそうだな」とすぐ思い直し、「やりましょう」と二つ返事で答えました。

2 子どもたちの保育場所がしっかりと確保できないままスタート

学童保育所の1室を活用するという流れではあったものの、当時約260名の児童が帰ってくる「ながおキッZ児童クラブ」での真備の子どもたちの受け入れはスペース上無理がありました。

1日目・2日目。午前中は、「ながおキッZ児童クラブ」の第4施設（2部屋あるうちの1部屋を使用）で保育を行い、午後からは、長尾分館を借りることにしました。ふだんから借りていることもあり、すぐに施設を使用することができました。

当時のことは、「やるしかない！」という思い以外はぼんやりとしか覚えていません。「真備の子どもたちを受け入れるだけの施設も確保できていない！」「どうする?」という焦りもありながら、「でも、やるしかない！」という気持ちでした。

3 地域の臨時?の会議

12日から始まった災害支援のための保育「まびひょっこりクラブ」。翌日の13日の夜に臨時だったと思いますが地域の会議が開かれました。その日に会

みんなきいてくれる!?

議があることを知り、「ながおキッズ児童クラブ」からも参加することとなりました。

私は別の会議が入っていたため、「ながおキッズ児童クラブ」の若い職員である黒岩裕希指導員と2日間保育を受け持ってくれた小谷くみこ（現在、紙上くみこ）指導員に参加を任せました。この時、2日間真備の子どもたちを受け入れて保育をしてみて、長尾分館をお借りしないとやっていくのが難しいことがわかってきたところでした。会議は、地域の話も含めた災害支援の話であり、長尾分館の広場をボランティアの駐車場等に使うことなども議論されました。

会議の最後のほうで「ながおキッズ児童クラブ」のことが話されました。小谷指導員が機転を利かして、2日間の子どもたちの受け入れの様子を写真にしており、それを参加者に見てもらいました。その後、黒岩指導員が「真備の子どもたちのために長尾分館を使用させていただきたい」と訴え、小谷指導員も合わせて「子どもたちみんな笑顔で楽しく安心して保育させていただくことができたので、これからも使わせていただきたい」と参加者に訴えました。

司会の方が「みなさん異論はありますか?」と参加者全員に確認をとっていただき、異論もなく、この会議で「ながおキッズ児童クラブ」に長尾分館を貸してくださることが正式に決まりました。

4 全館すべて貸りる～感謝・感謝・感謝～

災害発生から6日目に保育を始め、7日目の夜に長尾分館の施設を全面的に貸していただけることとなりました。

もちろん、「ながおキッZ児童クラブ」がふだん使用していることを前提に貸してくれることが決まりました。しかも、1階・2階のすべての部屋（全館）を貸していただけるということで、この短期間ですぐに会議を開き、貸すことの決定をしていただいた地域の方々に本当に感謝しました。感謝してもしきれないほどの決断を災害発生から7日目の夜にしていただきました。

「やるしかない」と覚悟を決めてはいたものの、長尾分館が借りられることになって本当によかったと心から思ったことを今でも鮮明に覚えています。

地域の方々が全面的に施設を貸してくれることに合意したのは、みんなで支え合って助けようという機運の高まりももちろんありましたが、それ以上にふだんのつながりにおける信頼や子どものことを考えていると感じてくれている保護者の信頼に基づくものであったと思われます。

5 熱意

後日、地域の方が「ながおキッZ児童クラブ」の指導員さんはみんな熱意があったこと、災害対応という人道的な視点があったこと、市からも貸すように後押しがあったことが全館をすぐに貸してくれることにつながったのではないかと話してくれました。

特に「熱意を感じていた」ということについては、日々の「ながおキッZ児童クラブ」の取り組みが、働きながら安心して子育てできるように保護者の要望や子どもたちの願いをかなえてきた結果だと感じました。

行き当たりばったりではありましたが、これまでできるかできないかわからないようなことにも前向きに協力して取り組んできた「ながおキッZ児童クラブ」だからこそ、この決断もできたのではないかと思います。地域の方からは、「熱意」という言葉のほかに、「これまで一緒にやってきた関係の中で信頼していた」といううれしい言葉もいただきました。この信頼を今後も大切にしていきたいと思っています。

6 災害時、子どもたちの支援は学童保育で！ 地域とともに！

学童保育だけでは子どもたちが豊かに生活するための災害支援はできません。

今回の支援では、地域の方から場所を借りることができました。昼食提供をしていただきました。たくさんの物資をいただきました。ボランティアの宿泊を助けていただきました。ボランティアにも来ていただきました。地域の支援なしには、子どもたちが災害時であっても豊かに生活することはできませんでした。

災害時、子どもたちの支援は学童保育で行うことが大切です。しかし、学童保育だけでは行き届いた支援はできません。

ふだんから学校や地域に信頼される学童保育であってこそ、災害時にも子どもたちの支援ができるのだと思うのです。

4 子どもや保護者の声を届ける役割

糸山　智栄（岡山県学童保育連絡協議会・会長）

1「岡山県は災害がない」と思っていたが

２０１８年7月6日。

出張で出かけていた仙台は雨が降っていませんでした。

日本全国、大雨が降っているというニュースが流れていましたので、その日、計画していた岐阜県大垣市の障害児支援を行っている「ＮＰＯ法人はびりす」の見学は中止にし、参加者に連絡しましたが、鹿児島県の議員さんはすでに飛行機で離陸していました。そこで、名古屋で落ち合うことにし、仙台を出発し順調に名古屋に到着しました。まさか大災害になるとも思わず、三重県の学童保育を見学させてもらい、新幹線で岡山へと向かいました。ここからがたいへんで、駅に入りきらない新幹線、ダイヤは大混乱、乗った新幹線は進んだり、止まったり、8、9時間かかって、夜中、ようやく岡山駅にたどり着きました。新幹線の中で、翌日の岡山での講演会の中止を決め、連絡調整しました。

「岡山県は災害がない」「どこかで災害が起きたら支援するのが岡山県の役割」と思っていました。

そのため、自分のこととして「被災」を考えていませんでした。しかしながら、全国学童保育連絡協議会の会議で震災支援の話を継続して聞いていて、東北や熊本の震災でＮＧＯが支援活動をしていること、また、東京や名古屋の学童保育の指導員が保育ボランティアに行っていたことなどが頭の隅に引っかかっていました。また、この数か月前に、阪神・淡路大震災を乗り越えたある経営者の話を聞く機会があり、『無事だ』と言いなさい。そして、借りられるだけのお金を借りなさい」この２つの言葉が妙に記憶に残っていました。

２ 地元支援会議で迅速につながる

７月９日の夜、岡山市でＮＰＯやボランティア団体の支援会議が開催されました。何かできるのか、何ができるのか、まずは出席しました。受付で、出席者名簿をぬかりなく確認、全国学童保育連絡協議会の東北震災支援でよく聞いていた「セーブ・ザ・チルドレン・ジャパン」（以下セーブ・ザ・チルドレン）の名前を見つけました。出欠の返事時に座席を確認、赤いビブスを着けておられましたので、休憩時間に席まで行ってお声かけしました。その場で倉敷市の指導員である若井暁さんと連絡をとり、被災した真備を視察に行く段取りを決め、一緒に行きました。

そして、被災から10日ちょっとで「災害時の子どもの心の応急処置研修」を実施することができました。「洪水ごっこ」は子どもの心の回復の一環だからと、研修を受けた若い指導員が余裕をもって対応している姿が本当にうれしく思いました。すぐにNGOにつながれ、研修を実施できたことはありがたいことでした。また、東北の学童保育連絡協議会から別のNGOの災害支援の冊子の提供があり、市連協や行政窓口を通して、各学童保育に届けることができました。

3 情報・人・お金

「ながおキッZ児童クラブ」や倉敷市学童保育連絡協議会により、地元の支援は迅速に始まりました。岡山県学童保育連絡協議会としては、その後方支援をすることが重要であると考え、活動のための資金確保と保育支援の指導員を見つけることを考えました。

「無事です」「がんばっています」「お金をください」これらを全国のみんな、地元のみんなに伝えなければ。水害とは、残酷なもので、土地の高低ではっきりと被災と無事が分かれます。県内の倉敷市以外でも浸水被害は出ていましたが、無事なところは無事なのです。全国的には「倉敷市が水害」というニュース、映像が流れたと思いますが、とても局所的な被害なので「支援したい」という県内外でも生まれている想いを束ねて具体的に力にしていかねばなりません。

「できる人ができることを自らやる」のスタイルで活動を続けていましたので、会議はせず、SNSで情報を共有しながら、各人スタートを切りました。「岡山市、総社市などの被災状況を確認します」「カンパ活動を始めます」「食材を提供します」「食事づくりの応援に行きます」など、時間とともに変化するニーズに合わせ、岡山県学童保育連絡協議会役員を中心に県内各地でアクションが起きました。

「無事でがんばっている」「お金をください」を伝えるために、７月13日、当時、練習し始めていたグラフィックレコーディング（グラレコ）で、①自主保育の開始、②指導員の募集、③カンパのお願いを発信しました。緊急時は「絵」がいい。全国のみなさんがシェアしてくださいました。シェアの回数２３７回。刻々と変わる取り組みを追記して投稿しました。この時、クレジット決済できる寄付サイトもつくりました。情報にふれた時すぐに寄付できる仕組みが必要です。多額の寄付をいただきました。また、地元のＮＰＯの中間支援団体が早くに災害支援の助成金を募集していました。倉敷メンバーはそれどころではないので、第１期の募集は岡山県学童保育連絡協議会として応募し採択され、第２期以降は倉敷市学童保育連絡協議会が応募して活用することができました。

並行して、人材です。

ただでさえ、夏休みの人手不足、指導員自身が被災している学童保育もあります。指導員を他県に頼もうとグラレコにも描き、別途ＳＮＳでも投稿しました。第１号の応援指導員が出ると、後はきっと誰か続いてくれると

おそうじも自分たちでします

いう変な確信もありました。受け入れ側（倉敷市側）の負担を考えると、なるべく長い日数を来てくださる方がありがたいので、1週間単位でお願いできそうな、民間運営で体力がある地域にねらいを定め、数か所に絞ってメールやSNSで連絡しました。

第1号は東京三多摩地区の方。退職して時間的な余裕があると風の噂に聞いていて、研究集会の世話人も一緒にやっていたので、きっとこの人なら！と連絡しました（が、この時、電話番号がわからず、人づてにお願いしたというぐらいの関係です）。この方を皮切りに、7月中旬から、東京、名古屋、佐賀からまとまった日数で切れ目なく指導員が来てくれました。これで安心して、子どもの受け入れができます。

私は本業のヘルパーの業務がありますので、まったく倉敷にも行っていない状況でしたが、ふだんからSNSで情報共有をしているので、どんどん情報は送られてきました。それをまとめて、県内や全国に発信していく役割を担いました。「指導員は保育に専念してくれ、お金は何とかするから」倉敷市学童保育連絡協議会の役員さんたちの早い決断。すぐさま、現場の指導員に言えたことが非常によかったと思います。そして、岡山県学童保育連絡協議会がさらにネットワークを駆使しての後方支援。絶対、全国のみなさんが応援してくださるという自信があったからです。

全国学童保育連絡協議会での活動や、木造の施設を作ろうとか、作業療法士を活用しようだとか、日常的にいろんなテーマでごちゃごちゃとつながっていたからこそだと思います。倉敷の実際の支援には行っていない私ですが、長期に応援に来てくださった指導員さんが帰る前には「一緒に食事！」を、そして写真も撮って投稿する。これを私の役割として、新倉敷駅前や岡山駅周辺に出かけていきました。

４ 子ども（子育て中の保護者）の声を発信する役割としての学童保育連絡協議会

結果として、災害時にすぐさま「子どものことを忘れないで！」と大きく高く発信できたのは、私たち学童保育関係者だったのではないかと思います。

子どものことにかかわる組織はいくつかありますが、大きな団体は、緊急時に瞬時に動けない。すぐに動ける子育てＮＰＯは、全国のネットワークがそれほどない。学童保育連絡協議会は、本当に子どもにとって大切な組織であると思いました。

最後に、そんな時、役に立てる組織となるために、いくつかのポイントをお伝えして、岡山

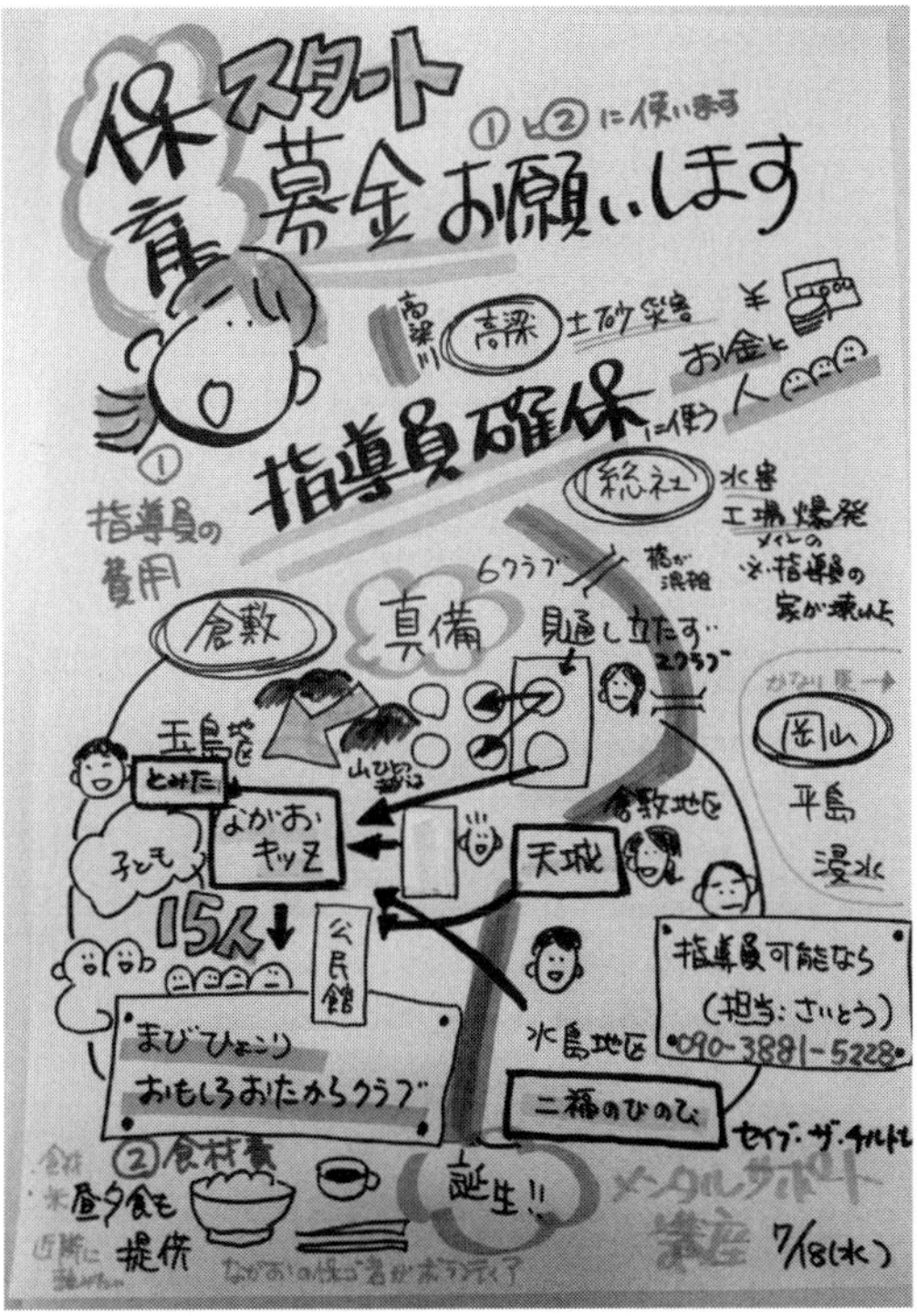

グラレコで発信

からの感謝の言葉とさせていただきます。

①県内、市内、全国ともＳＮＳでつながっておくこと。できれば、複数手段、たくさんのグループで。

②ふだんから自分の組織内で、ごそごそ、つながっておくこと、メンバーの得意不得意がわかり、勝手に役割分担が進む。

③地域団体としての活動もしておくこと。いろんな情報が入る。必要な団体と出会える。

この時の動き方やさらに広がったネットワークが、２０２０年からの新型コロナウイルス感染症拡大時の動きにつながりました。

同様です。

進みたい方向を発信する。

やっていることを発信する。

できることをできる人が始めておく。

お金を集める。水害時につくっていた寄付サイトに残金がありました。クレジット決済だったので寄付者が確認できたので、寄付者の方の合意を得て、コロナ禍でのオンライン化への資金として活用しました。どこよりも早く行動を起こせたのは経験と資金があったからかもしれません。

どんな災害、困難が降りかかってくるかわかりませんが、学童保育連絡協議会は安心の源。役立つ保険。何もない時から、ゆるくつながり、ごそごそ動いておくことが大切だと思います。

コラム2

SNSを通じた支援の輪

若狭　いづみ（ながおキッズ児童クラブ・保護者）

1 書くことになったきっかけ

黒岩：あの頃、誰かおぶってましたよね。
若狭：ん？　そっか、確か2歳ぐらいだったもんね。

ちょうど今3人目の子が小学3年で「ながおキッZ児童クラブ」でお世話になっています。トータルで10年目。私はこの場所があるから安心して働くことができている保護者の一人です。今も引き継がれている「できる人ができる時にできることを」という「ながおキッZ児童クラブ」の合言葉どおり、新しく増える9番目の施設「民家5」での整備を手伝いにきた時、コラムの執筆をお願いされたのでした。

2 ながおキッZ児童クラブの心意気ある対応

2018年の梅雨から夏の気配がしてきたころ。当時私は「ながおキッZ児童クラブ」でお世話になっている小学3年の娘と、保育園の年長さんと一歳半の3人の子育てをしながら仕事をし、家で座る暇もなく走って家事をこなす毎日でした。

7月に入って数日雨が止まない日が続き、豪雨災害が起こりました。当時役員をしていて、メール連絡がきました。「あれ？　いつもと違う連絡内容だけど…」と思いつつ見てみると、「まびひょっこり。ながおキッZ児童クラブで、真備で被災した子たちを預かることにした。昼ごはんづくりに参加できる人求む！」という内容という内容とお手伝いカレンダーが届きました。

場所は玉島公民館長尾分館の調理室ということ。

「なんと!」…初めに思ったことは、大賛成なのだけど、はたして仕事と子育てで忙しい保護者が手伝いできるのか?ということでした。「ながおキッズ児童クラブ」にいろいろ理由をつけて断ることもできる話だと思います。それでも受け入れてぜひみんなでやろうという心意気が、私も含めて保護者の気持ちを動かし、何かできないかと協力して立ち上がる人たちが集まったのでした。

3 初めての昼食づくり

昼ごはんということは午前中の作業。平日が仕事の私は土曜日に手伝いに行きました。留守番させるわけにはいかなかったので、下の子をおんぶして子どもたち3人連れて(その時の話を黒岩さんと思い出して話したのでした)。

行ってみると、初対面の保護者の方々が10人ほど。中には水島の学童保育で聞いたと駆けつけたお父さんなどもいらっしゃいました。すべて把握し指示を出す人はその場にはいません。あるのは今日のメニューが書かれた紙、昨日までのメニューや気をつけることのノート、置かれた材料のみです。「ノートにメニュー書かれてる!」「包丁どこ?」「炊飯器はこれっぽい。何合炊く?」と初対面の人だけで声をかけあい分担し、探り探りなんとか時間を間に合わせました。

慌ただしく手伝いに来た保護者とその子どもたちとともに、待っていた真備の子たちの部屋へ配膳に行きました。みんな長机の前の座布団に座っています。「ありがとう、いただきます」泣きそうになりました。参加してよかったと思いました。子どもたちは大変な中、親と離れて遠い学童保育で不安なことだったと思います。あたかい食事が心の癒しとなり、笑顔で「おいしい、おいしい」と食べてくれたのでした。

4 なんとかできないか

お手伝いカレンダーを時々見るようになりまし

た。栄養改善協議会の方々が手伝ってくださるようになりましたがどうしても特に平日に人手が足りない日が何日もあります。私は当時からＳＮＳを割と活用している数少ない保護者だったと思います。「そうだ！　私の個人のＴｗｉｔｔｅｒ（現X）でつぶやいてみよう」と思い立ちました。＃真備　＃ボランティア　＃豪雨など、適当なハッシュタグをつけて、つぶやいてみました。

すると、「〇〇ばぁば」という方がダイレクトメッセージをくださいました。何かできることはないかと、ネット上で探して毎日を過ごされていたそうです。

そのことを紙上くみこさんに相談し、「外部の方でも昼食づくりのお手伝いをしてよい」と回答がありました。その方は「基本、火、木、土曜は入れるよ」とのことで、代わりにお手伝いカレンダーに登録すると、それから何日も手伝いに入ってくださいました。

その後、もう一人。「数日は入れます！」と。本当にありがたいことです。次々に「支援したい！」という連絡が入りました。

また、手伝いはできないけど、知り合いの方がお店をしていて鶏肉５キロ（冷凍）と鮭のアラ５キロを寄付してくださる方からも連絡が入りました。「食材の寄付はできますか？」「土曜はどなたかいますか？　持っていきます！」

Ｔｗｉｔｔｅｒでつながった支援の輪には、私自身とても驚きました。２０１８年の夏休みの終わり、手伝ってくださった方々に「第17回キッZまつりの売上は真備の子どもたちのために使う」と連絡すると、「ぜひ」にとその方たちも参加してくださったり、たびたび連絡を取り合う仲になりました。

学童保育関係者、保護者、地域の方だけでなく、倉敷市全体の方々にも支えられたこの活動は、自分たちでどうにもならない災害や感染症でも、賛同する人たちの熱い気持ちで力を合わせて乗り越えることができました。私の人生でも一番に心に残る経験となりました。

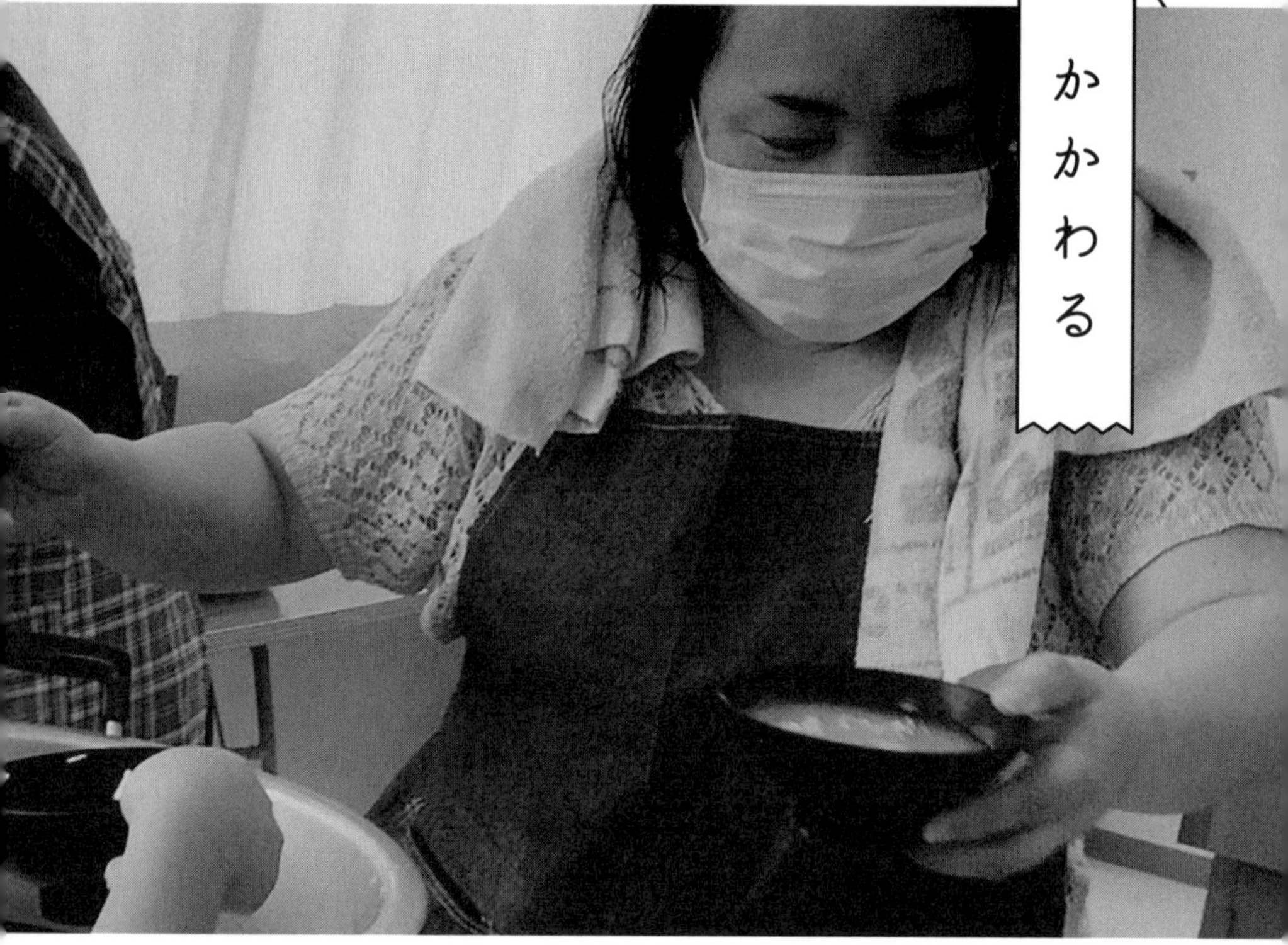

かかわる

「ながおキッZ児童クラブ」の指導員と保護者を基盤としながらスタートした「まびひょっこりクラブ」の保育支援。その後、子どもにかかわる当事者の輪はどんどん広がっていきました。

ここでは、夏休みから専任の指導員として勤務することになった瓜生夢音さん、近隣の大学からボランティアとして参加し続けた寺尾朱音さん、玉島公民館を離れ縮小する「まびひょっこりクラブ」とともに最後まで歩んだ河北大樹さんの実践記録をもとに、「まびひょっこりクラブ」での子どもとのかかわりについて実践を振り返ります。特に8月末までの時期は、子どもも保護者も支援者もすべてが大規模になり、たくさんのかかわりが生まれた時期でした。「ながおキッZ児童クラブ」からつながれた想いを基盤としながら、当事者の輪が広がった「まびひょっこりクラブ」が最も活気にあふれていた時期といえるでしょう。

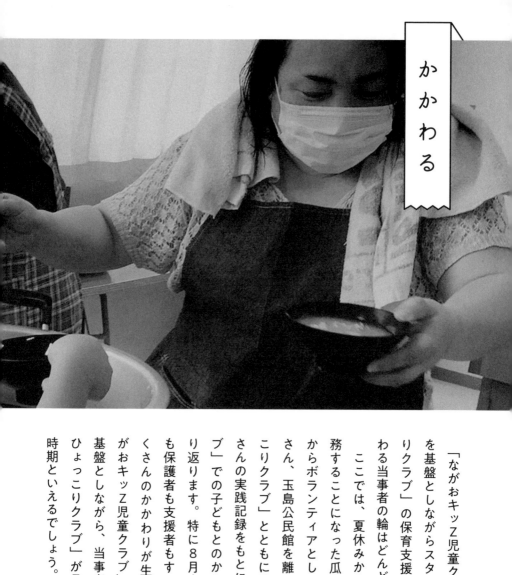

ただ一方で、夏休みも終わり、学校や生活において新たな局面を迎えることになった9月以降は「まびひょっこりクラブ」についても変化を求められる時期でした。緊急時に立ち上がった学童保育である「まびひょっこりクラブ」は、その性格からどこかで区切りをつけなければならず、河北さんはそのことに向き合ってくれた貴重な存在です。緊急時に学童保育実践を立ち上げ支援するということは、どのようなことなのか、そのことを理解するためには、立ち上げた支援が、どのように終息するのかについても考えなければなりません。

なお、本書の編者である私自身も、研究者としてだけでなく実践者としてかかわったため、近隣の大学教員としての振り返りをしています。名古屋から支援に来てくださった指導員によるコラムとあわせてお読みください。

5

専任の学童保育指導員のかかわり

瓜生　夢音（倉敷市万寿学区児童育成クラブ・指導員）

1 安心感

最初に「学童保育の指導員になってくれないか」という話をいただいた際、学童保育業界での経験が少ない私でもできるのか心配しましたが、子どもたちや保護者にとって安定した生活環境は、とても重要だと考えたため、引き受けることにしました。しかし、自分の考えが甘く、軽い気持ちで引き受けてしまったかなぁと考えるときもありました。

現場で臨機応変に対応していく日々は、とても大変で、「子どもや保護者に十分な対応ができなかった」「せっかく来てくださったボランティアの方をほっといてしまった」など、自分の未熟さを痛感しました。また、就学前の子どもの受け入れ、突然の来客、取材、イベント、など「もう、なるようになれー！」って、無我夢中で毎日を過ごしていました。ただ、若井暁先生が「俺が責任を取るから自由にやってくれていい」と、言ってくださったおかげで、安心して行動できました。

2 子どもとのコミュニケーション

学童保育として土台となる、毎日の生活リズムやルールなどが整っていたため、安定した生活環境を継続し、子どもたちにとって安心できる場所となるように、「まびひょっこりクラブ」で保育をしていけたらと考えました。

最初に意識したのは、子どもたちとのつながり、関係性を築くことです。初めて会った人に、すぐに本心を話す子どもは、ほぼいないと思います。なので、コミュニケーションを重視しました。

子どもによって個人差はありますが、挨拶はちゃんと返してくれるので、「おはよう。元気?」「さようなら。また、明日ね」と、顔を見て声をかけるようにしました。徐々に「昨日は、よく眠れた?」と、話しかけると「隣の人がうるさくてあんまり寝られなかった」や「疲れてたから、よく寝た!」「お母さんのいびきがうるさかった!」など、返答が返ってくるようになりました。「聞いて! 聞いて! 避難所で友だちと会ったの!」「おばあちゃんところに行った! 楽しかった!」「こないだ昆虫カフェに行ったの! コオロギソフト食べたよ」など、笑顔で子どもから話しかけてもらえるようになったのは、とてもうれしかったです。

そして、徐々に自分から災害時に「家の2階まで水が浸かった」「車で避難したらすぐ横が水になってた」「水がなくなってから家を見に行ったら、おもちゃがなくなっていた」など、怖かったことや悲しかった出来事を話してくれるようになり、子どもの中で振り返りや整理をしているのかなと感じる一面もありました。

日に日に笑顔や笑い声が増えていく子どもたちを見て、何気ない会話や顔を見るコミュニケーションの重要性を感じました。

3 子どもの「やりたい！」をかなえる上で助かったもの

避難所や仮設住宅では、「うるさくしてはダメ」「他の人の迷惑になるようなことはしてはダメ」と、とても気をつかい我慢を強いられ生活をしていると感じたので、「まびひょっこりクラブ」では、のびのび自由に過ごしてほしいと考えました。「やりたい！」「やってみたい！」という気持ちを大事にして、子どものしたいを否定せず、できるだけかなえてあげようと思いました。

それをかなえる上で場所の提供はとても大きかったです。長尾分館をお借りしてもらったので、暑い日でも、室内で鬼ごっこ、かくれんぼ、ゴロサッカー、ドッジボール、卓球など、体を動かしたい子どもたちの「動のあそび」ができるスペース。レゴブロック、ラキュー、折り紙、ぬりえ、工作など、ゆっくりすごしたい子どもたちの「静のあそび」ができるスペースが確保できました。また、和室という、特別な環境もあり、座布団を周りに敷いて相撲大会をしたり、押し入れの中で怪談話をしたり、とても楽しく過ごしている姿を見ました。屋外では、水遊び、色水づくり、シャボン玉。子どものやりたいことができる、とてもありがたい環境でした。

おもちゃやプールの提供は、子どもたちがとても喜びました。セーブ・ザ・チルドレンの方々にいただいたプールを使っての水遊びは、最初は「水が怖い」と言っていた子どももいましたが、他の子が楽しそうにしているのを見て、「私もやっぱり入る」と言って、毎日のように水遊びをして、楽しみました。最後に水を抜く際に「流されるー」「水没するー」「俺が助けるぜ!」など、何気ない遊びの中でも、災害であったことを振り返り、整理をしているのかなと感じる一面もありました

安定しているようで安定していない環境。日々違う人がいる環境。子ども同士でのトラブルは多かったです。折り合いをつけることが大変でした。その中で高学年の子どもたちが自然と下の子どもたちにルールを教え、トラブルを自分たちで解決しており、子どもの成長を感じました。同時に高学年の子どもたちが我慢のしすぎで、塞ぎがちになることも心配をしました。その中でボランティアの人たちの存在は大きかったです。子どもに寄り添ってもらい、時間をかけて思いや考えをしっかり聞いてくれました。

毎日来られたり、1週間続けて来てくれたり、安定して来てくださるボランティアの方々は、とても頼りになり、ありがたかったです。子どもたちも懐いていたので私も安心して任せていました。安定しているというのは、災害にあっていない私でもとても安心感を覚えたので日常の何気ない生活が子どもにとって、とても大事なのだとあらためて気づかされました。

4 落ち着ける空間と場所の提供

保護者の「コーヒーが飲みたい」の一言で始まったひょっこりカフェ。保護者同士の交流の場、情報交換だけでなく、子どもがコーヒーをいれてもてなすことで「お母さんたちのお手伝いをした

い」「何かしてあげたい」という思いをかなえるあたたかい場所になっていたと思います。

カフェでコーヒーやお茶を飲みながら、落ち着いてゆっくり過ごせる空間だからこそ出てくる、保護者からのニーズや困り感、必要なもの、不要なもの、家や車の現状、学校や仕事復帰への不安感、元の学童保育所へ受け入れてもらえるかの不安感などを話しました。

同じ空間で子どもが楽しそうに遊んでいる姿に目を向け「こういう場があってくださって本当に助かりました」「まびひょっこりクラブでしっかり遊んで帰ってきてくれるので、戻るとすぐに寝てくれるので助かります」と、疲労している顔の中にもホッとしている面が見えると私もうれしくなりました。子どもが安定していると、保護者の方も安心して安定していくのかなと感じました。

また、支援物資の服や小物を選んでいる保護者たちは、「バーゲンみたい。楽しい！」と、言って選んでいる姿が印象的でした。

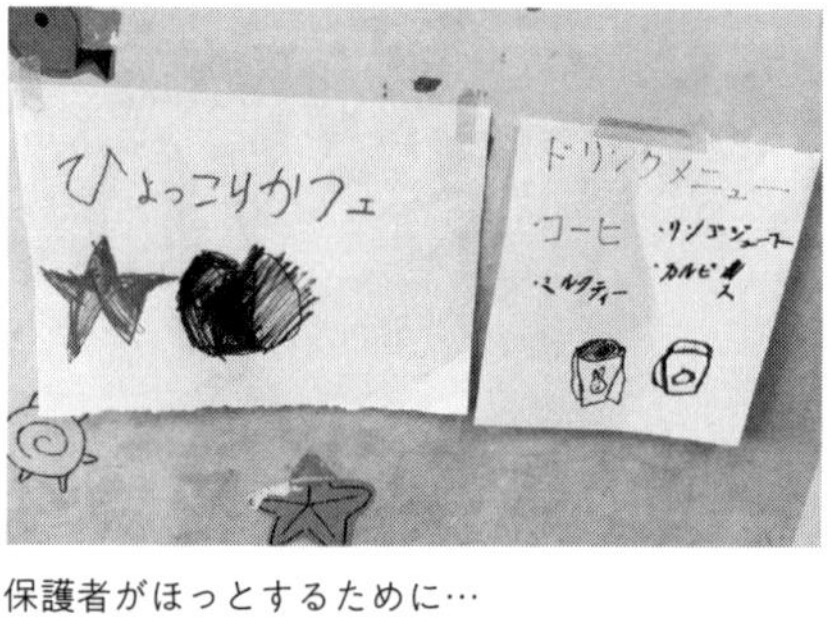

保護者がほっとするために…

5 保護者でもない児童でもない年頃

迎えに来た中学生のお兄ちゃんも一緒になって遊んでいて、家に帰った保護者から「家にいないんですけど、そちらにいますか?」と問い合わせがありました。保護者の方から「お兄ちゃんまでお世話になって本当にありがとうございます。『まびひょっこりクラブ』にお迎えに行って遊ぶのが楽しくて仕方ないみたいです」と教えてもらい、いくつになっても息抜きの場所は必要だなと感じました。

6 少しずつ戻る日常

避難所から仮設住宅、借りたアパートへの引っ越しなど、住居が変わり安定し始めた頃、ようやく学校が再開しました。学校にはバスで通学するということで、複数の小学校の児童を預かっていた「まびひょっこりクラブ」では、小学校によって帰宅時間が違っていたり、バスから児童を下ろす場所が違っていたり、個別の対応が必要でした。また、学校の先生と連携をとるのも難しく、今日は「まびひょっこりクラブ」に行くのか、家の近くのバス停にお迎えが来るのかなど、大変だったのを覚えています。

学校から帰ってきた子どもたちは、笑顔で「久しぶりに友だちに会えた!」「いっぱいおしゃべりした」「運動場は、ガレキがいっぱいだった」「朝、寝坊してバスに乗り遅れそうになった」「帰りのバスは寝てた」など、自分からいろいろと発信してくれるようになりました。そして、「宿題したくない!」「和室に行って相撲がしたい!」など、自分の要求も素直に話してくれるようになり、自分が出せるようになってきたんだなぁと思って、うれしくなりました。

保護者の方も仕事を再開され、迎えが遅くなる子どもも増えました。夕方になると「お腹すいた！」と訴えてくる子どもがいたので、ふだんできないことをさせてみたい！という思いもあり、借りていた調理室でべっこうあめづくりをしたり、そうめんを湯がいて、自分たちでつけ汁をアレンジしてみたりして過ごしました。

7 学童保育の課題

保護者の仕事の再開に伴い、時間内に長尾分館へ迎えに来る難しさ、小学校にある学童保育所の高学年の受け入れの難しさ、土曜保育の利用の難しさなどの話が出ました。場所の問題、人手の問題、開設時間の問題など、まだまだ課題は山積みだと認識しました。被災した子どもたちが安定した日常を取り戻していくには、まだまだ時間がかかりそうだなと感じました。

8 安定と安心感からできる余裕と子どもの成長

被災した子どもたちには、学校に行って、勉強して、遊ぶという、子どもたちの生活の土台、毎日の決まった生活リズムがとても重要で、安定した場所、人、時間の提供は、人に安心と余裕を与えると、気づかされました。また、どんな環境でも子どもは子どもなりに考えをもっていて、成長をし続けて、変化し続けていると感じました。

6 近隣の大学教員と学生ボランティアのかかわり

鈴木 瞬（金沢大学・准教授）・寺尾朱音（岡山市立横井小学校・教諭）

1 支援の当事者になる

「西日本豪雨」は、自身にとって、はじめて明確な「支援の当事者」となる経験でした。

7月6日にかけて大学も休校となり、私は倉敷市の私立大学に勤務する大学教員として、まずは担当するゼミの学生へ安否確認をしていました。ゼミ生には被災した学生はいなかったため、そのことに安堵しつつ倉敷市の学童保育所は大丈夫なのか、心配で仕方がありませんでした。

そこで、ふだんから連絡を取り合っていた「ながおキッZ児童クラブ」の若井暁さんに連絡をすると、明日、現場に入る予定であると…。

「えっ？ どういうこと？」

この時、感じた正直な気持ちです。メディアなどで見ている限りでは、とても現場に入れるような状況ではありませんでしたし、岡山市に住んでいる自分ですら支援に動くという発想がもてるような雰囲気ではありませんでした。というのも、岡山市でもものすごい豪雨であり、近くの道路は冠水していました。また、当時わが家としていた築100年の古民家は、旭川とその放水路である百間川に挟まれた地域にあり、夜間に生じた爆発音で堤防が決壊したのではないかと恐怖を感じたのをよく覚えています。そのため、3歳の息子と妻を残して、他の地域の状況を把握し、支援に動くということは、この時の私には考えられるものではありませんでした。

すでに情報把握をされようとしている若井さんの行動力には驚きしかありませんでした。ただ一方で、これは他人事ではないと感じる自分もいました。若井さんとやりとりをしている中で、何ができるかもわからないし、これからどんなことになるのかもイメージがつかないけれども、何かしなければならないのだなという、根拠のない想いを抱くようになりました。

振り返ると、この時の私は、災害時の子ども支援について何も知識のないまま、若井さんの行動力に引き寄せられる形で「支援の当事者」になっていたのだと思います（ただ、この時は100名以上の学生のボランティアを管理する立場になるとはまったく思っていませんでした…）。

2　学生ボランティアを組織する

若井さんたちが現地で把握した情報を共有させてもらいつつ、私はというと、大学にて同僚の教員とともに、「大学として何かできないか…」ということをひたすら模索していました。現地へ学生ボランティアを派遣する案も出ましたが、現地の状況が十分につかめないことや、学生自身も被災しており、その支援や配慮が必要となり、なかなか支援に動くことができずにいました。

このようななか、10日、若井さんから『ながおキッZ』で被災した子どもの受け入れをするから、学生ボランティアを募れないですか?」と相談がありました。

「ながおキッZ児童クラブ」は、大学と最寄りの駅との間に位置しており、講義の合間であってもすぐに行くことができる学童保育所でした。ふだんから学生たちもアルバイトに入ったり、COC事業という地域連携の講義でも一緒に活動をしていました。そのため、私はすぐに3年生のゼミ生に予定を確認しました。7月は教員採用試験の真っただ中。4年生には、状況の連絡だけにとどめました。そして、3年生には「来週あたりにはお願いすると思うから、よろしくね!」と連絡し、どんなことができるか再び同僚と話し合っていました。

しかし、12日、若井さんより、予定していたよりも早く子どもたちの受け入れ要請が増えているとの連絡を受けました。…というか、この時にはすでに緊急時の学童保育実践は始まっていました。ここでも若井さんの行動力に呆気にとられながら、翌日、ゼミの時間を使って急遽ボランティアに入りました。

ボランティアに入った時間帯は、数名の子どもたちと指導員さんが公園で遊んでいました。この時はそこまで子どもが多い印象を受けず、余裕をもって子どもたちとかかわることができ、初日はとても充実した時間を過ごしました。その夜、参加してくれたボランティアの3年生たちとSNSで次のようなやり取りをした記録が残っています。

たくさんの大学生が参加しました

「今日はありがとうございました！　来週もゼミでボランティアするの賛成です。よろしくお願いします！」

「実働以外にも遊び道具が少なかったり、食事やおやつ代などで困っているみたいなので、みなさんの方で何かアイデアがあったらどんどん教えてください」

「お菓子持ち寄ったりもいいですね」

「小さい子どももいたので絵本の読み聞かせとか、子ども教育学部らしい何かができたらいいなと思います」


学生たちとボランティアをした充実感を共有しつつ、その一方で、どこか不安を感じていました。


「これからどのくらい子どもが増えるのだろう？」

「今日はたまたまゼミが使えたけど、来週の月曜日はどうするのだろう？」

「『ながおキッZ』もすぐに夏休みに入るだろうに、人手は足りてるのか？」


次のゼミは1週間後。「ゼミだけではこのボランティアは回らない、さまざまな学生へ呼びかけなければ…」と考えました。ＳＮＳでいろいろな学生たちとやりとりをし、また、翌週の授業や正課外活動でもボランティアを呼びかけた結果、翌週には、ＳＮＳのグループは１００名以上になっていました。

結果的に、「ボランティアをしたい！」と手を挙げてくれた学生のほとんどが複数回、保育ボランティアとして活動に参加してくれました。また、ＣＯＣ事業で学童保育所で学んでいた1年生やゼミ生は、8月下旬に「ながおキッZ児童クラブ」で行われた「キッZまつり」でお店を出してくれました。ここには、「まびひょっこりクラブ」の子どもたちも参加しており、とても盛り上がりました。さらに、教員採用試験を受験中の4年生たちは、8月に入ってから学習に対する保護者の不安を解消するため、「まびひょっこりクラブ」で学習支援を行ってくれました。久しぶりの勉強に悪態をつく子どもたちに正面から向き合い、何とか寄り添おうとしてくれた姿が今でも忘れられません。

このようなさまざまな支援を学生たちと行い続けましたが、その中でも特に継続して支援をしてくれたのが２０１７年度に立ち上げた地域の子どもたちへの学習支援サークル「ぷらっつ」のメンバーです。その中の一人である寺尾朱音さん（当時、小学校教員を目指す大学1年生）に当時のボランティアのかかわりについて振り返ってもらいました。

3　「まびひょっこりクラブ」での出会い

私は、「まびひょっこりクラブ」にボランティアとして7月12日からかかわりました。当時、「まびひょっこりクラブ」が開設されていた倉敷市玉島地区にあるくらしき作陽大学の1年生だった私は、地元岡山での災害に何らかの形でかかわりたいと思っていました。その時、大学の先生から「まびひょっこりクラブ」が開設されることを聞き、教員を目指していた私は参加することにしました。

12日から参加させてもらった「まびひょっこりクラブ」で一人の女の子と出会いました。当時小学1年生だったせいなちゃんです。

せいなちゃんは初めて私と会った時から明るく積極的に話してくれる子でした。また、私に抱っこをせがんだり、食事やおやつの際には、私の膝の上に座って食べることもありました。しかし、自分に自信がなかったり、他者と積極的にコミュニケーションをとることや自分の気持ちを言葉で他者に伝えたりすることが苦手な様子も見られました。

そのため、せいなちゃんが離れるまで抱っこをし続けたこともありました。そのような様子を目にしていた小学2年生のあやちゃんが私に対し、「せいなだけずるい。甘やかしすぎ」と言いました。このように言われて初めて、私はせいなちゃんとの今までのかかわりを振り返りました。そうすると、他の子に対するかかわりと比較して、せいなちゃんに対して、少し特別扱いと捉えられるような言動があったことが意識され、自らの言動を内省しました。この出来事から、私はだんだんとせいなちゃんとの距離を意識的に保つように心がけて接していきました。

それから数日経ったある日、せいなちゃんとあやちゃんを含む複数の女の子たちの間でトラブルが起こりました。それぞれから話を聞き、せいなちゃんとも話をしました。せいなちゃんとの話の中で何度もせいなちゃんの口から「せいなはバカだから…」や「せいなは何もできないから、せい

せーの！ジャンプ!!

なは嫌われている。だからせいなのことがみんな嫌いなんだよ」と自分に対して自信がもてないことによる自己肯定感の低さや、また、誰かに話を聞いてもらいたいことによる対人希求性の高さが感じられました。

　私はせいなちゃんの自己肯定感を高めるために、肯定的な言葉かけや、せいなちゃん自身が「これは得意だ」や「やればできる」といったことに気づくことができるような活動を実践しました。また、せいなちゃんと二人で活動するときには、積極的にせいなちゃんの想いを聞いて活動するようにしました。

　せいなちゃんをはじめ、さまざまな子どもたちとかかわる中で、子ども一人ひとりに感情表現の違いがあることや、それに気づくことの重要性を感じました。同時に、その難しさも改めて実感しました。また、子どもの感じていることや思っていることを大人が引き出すことの難しさも実感しました。

　せいなちゃんは、抱っこや身体接触を求めるような幼児返りとも捉えられる行動によって、自分自身に注意を引きつけようとしたり、感情を表現したりする様子もありました。せいなちゃん以外にも、他者に対してちょっかいをかけたり、暴言を吐いたりすることで自分に対する注目を求めた感情表現をする子どももいました。

　私は、これらの子どもたちの行動から、災害後から環境が今までと大きく変わったことに対して不安に思っていることや、なかなか親子の時間がとれないことから、寂しさなどをうまく言葉には表現しにくい背景があるということを感じ、それを大人が気づき、どう向き合うかがとても大切だと感じました。また、子どもたちの気持ちをしっかり受けとめることも大切なのだと感じました。

4 「まびひょっこりクラブ」の閉所後のかかわり

このようにボランティアをはじめた「まびひょっこりクラブ」に、私は12月の閉所までかかわり続けました。そして、閉所後も真備の子どもたちとかかわり続けました。

翌年の6月頃、真備地区の保護者の方から「学童保育が再開していない」「災害後から一人で留守番ができない」などの声を聴きました。そこで、私をはじめとする岡山県内外の大学生が中心となり、真備町内で「遊び」「学び」「つながれる」をコンセプトとして、長期休みを中心に子どもの居場所づくりを始めました。これが「がくまび」です。

「がくまび」には「まびひょっこりクラブ」でかかわった子どもたちもたくさん来てくれました。約半年ぶりの再会であったのにもかかわらず、あの時と同じ笑顔で来てくれて、あの時と同じように楽しく過ごせたことは今でも忘れられません。

また、「がくまび」は真備町全域の小学生を対象にしたため、「がくまび」で初めて会う子どももたくさんいました。初めてかかわる子どもたちとのかかわり方に最初は戸惑い、どうしても今までかかわったことのある子どもたちと多くかかわってしまう時もありました。しかし、このままでは、せっかく初めて「がくまび」に来てくれた子どもたちが「また来たい」「来てよかった」と思ってもらうことはできないと思い、すべての子どもたちと積極的にかかわるようにしたり、子どもたち同士もかかわることができるような企画を計画したりしました。

「がくまび」は「まびひょっこりクラブ」とは違い、「遊び」「学び」「つながれる」を目的にしていたため、大学生の私たちが中心となって、「がくまび」に来たことで何か「学び」を得ることができるように日々さまざまなことを企画しました。

また、今までかかわったことのない1年生から6年生までの全学年が楽しむことができるためには、どんな内容にしないといけないのか、「つながれる」を達成するにはどんなつながり方がいいのかなど、さまざまなことを考える機会になりました。

当時を思い返すと、さまざまな子どもたちが一斉に参加することで我慢をしなければならない状況や、自分の想いを伝えることができずに参加している子どもも少なくなかったと思います。子どもはちょっとした表情や行動で我慢をしている姿などを見せていました。その瞬間を逃さないようにしっかり子どもを観察し、タイミングをみて声をかけたり、寄り添ったりすることで、子どもたちは笑顔で楽しく過ごすことができるようになったのではないかと思います。「がくまび」として真備の子どもたちへの支援を継続することで、私は「まびひょっこりクラブ」で学んだ「子どもたちの想いを受けとめることの大切さ」をよりいっそう感じることができました。

5 当事者の輪

近隣の学童保育所にできた緊急時の学童保育実践。ふだん

ボランティア仲間で同窓会も

から、講義やアルバイトで学生がお世話になっている「ながおキッズ児童クラブ」に、学生たちも生活している真備から子どもたちを受け入れる。「ながおキッズ児童クラブ」を場としてはじまったこの支援は、近隣の大学に通っていた学生たちにとっても他人事ではありませんでした。

また私自身にとっても、倉敷市の学童保育所は、日常的にかかわりの深い場でした。研究的なフィールドや研修の機会とは異なり、日常的に接する学童保育所である「ながおキッズ児童クラブ」。子どもを預けるのとは異なる感覚で、私は勝手に、「ながおキッズ児童クラブ」にかかわる当事者の気分となっていたように思います。

このような気持ちであった私や寺尾さん、その他大勢の学生たちはまぎれもなく、「ながおキッズ児童クラブ」で始まった「まびひょっこりクラブ」の当事者の輪の一員でした。私たち近隣の大学の支援は、若井さんが立ち上げ、「ながおキッズ児童クラブ」の指導員によって始められ、倉敷市の指導員たちによって体制が整えられた実践に後続するものにすぎません。しかし、後続し続けたことにより、地元の大学生が100名近くかかわることになりました。彼ら／彼女らが「まびひょっこりクラブ」に来ていた子どもたちと遊び、生活したことは子どもたちに少なからぬ影響を与えたのではないかと思います。また、彼ら／彼女ら自身にも、その後の人生につながる経験となったはずです。もちろん、私自身も例外ではありません。

本書に、名前をあげることはできませんが、「まびひょっこりクラブ」にかかわってくれた当事者の輪を構成するみなさんが、各地でこの経験を生かしてくれることを、遠く離れた金沢より願っています。

執筆：鈴木　瞬 ①②⑤／寺尾　朱音 ③④

7
「まびひょっこりクラブ」の終わり

河北　大樹（中島学童保育・所長）

1 まびひょっこりの仲間に加わった時

私が真備の子どもたちと過ごすことになったのは、２０１８年9月になってからのことでした。初日がＮＨＫの取材が入る日と重なっており、慣れない様子がＴＶに映っていたと思います。このような中途半端な時期に真備の子どもたちと過ごすようになったのはなぜなのか。それは、10月に入ったら真備に拠点を移すという流れがあり、その新たな拠点の責任者として私が抜擢されたためでした。

この時期の子どもたちはというと、夏休みの喧騒から一転し、名簿上も20人以下となり穏やかな印象でした。各地で仮校舎が建てられ学校が再開したことや、住宅が整った方が増えてきたことで利用する理由が減っていたからではないかと思いますが、長尾分館から真備へと拠点が変わることを聞いて一つの節目を迎えたと感じ、それぞれの学区へ戻っていった方もいたのではないかと感じます。

2 真備に帰ることになったが…

真備へ拠点を移す段取りの中で一番困ったことは「場所」の問題でした。初期の構想では、キャンピングカーを借りて一定の拠点をもたずに育成支援をしようという案もありました（正直この案はちょっと嫌だなぁと思っていました…）。しかし、荷物（生活用品・おやつ・おもちゃなど）や残る子どもたちの人数を考えると1台で収めるのは非常に難しいのではないかと思い、箭田の学童保育が公民館を借りて再開されているという話を聞いて、真備にある公民館を借りられないか当たってみることにしました。

10月に入ってすぐに真備公民館箭田分館の1室をお借りする許可をいただき、保護者への伝達や移設準備のため、10月10日から本拠地を移すことになりました。しかし、公民館は月曜日が休館で使えないため、月曜のみ使える場所が必要でした。

月曜日の保育場所の解決ができぬまま10日を迎え、どうしようかと悩みながら子どもたちと近隣の公園に行くと、いい感じの集会所を発見。通りすがりの方に声をかけ、相談してみると「近くに町内会長さんのお家があるので、相談してみては?」と紹介していただき、その足ですぐさま町内会長さんのご自宅にうかがい相談しました。ただ、集会所の中を見せていただいたものの、集会所の中は季節行事の道具などであふれかえっており、中に入るのもたいへんな状況でした。しかし、ここ以外に公民館が近くて公園もあるような立地の建物はありません。「どうにか入口すぐの部屋だけでも使わせてもらえないか?」とお願いすると、「何とか片づけてみます」とお返事をいただけました。

数日後、町内会長さんからご連絡があり、すぐに公民館へうかがうと、餅つきの道具が塞いでいた入口は開放的になり、部屋にもキレイな畳が一面に広がっていました。急なお願いだったにもかかわらず、ここまでしてくださったことに感謝しかありませんでした。

3 「まびひょっこりクラブ」の終わりに向けて

気づけば肌寒い季節となってきました。保護者の方々と話す中で「まびひょっこりを続けてほしい」という声もありましたが、市の補助なしで延々と寄付金で運営することは現実的ではなく、あくまでも復興支援の一つであることから「まびひょっこりクラブ」をいつまでするのかを決断しなければならない時が来ました。

終わりの日が近づくにつれて寂しくなってしまわないように、ふだんの遊びをさらに盛り上げようと、けん玉やカロムを流行らせました。また、メキシコからボランティアに来られていた方々に、日ごろの

海外ボランティアの方に子どもたちと一緒に日本語レッスン

お礼も兼ねて子どもたちと一緒に日本語を教えることもありました。他にも、学校からの送迎場所にさせてもらっている吉備真備《きびまび》駅にある待合所を清掃するボランティアを子どもたちと行いました。このように、限られた生活時間の中で子どもたちが「また明日！」と言えるよう育成支援を行いました。しかし、ここは終わりを迎える場所です。このまま「通い続けたい」と思うようなかかわりを続けていいのか葛藤しながらの毎日でした。

4 「まびひょっこりクラブ」の〝卒所〟

「まびひょっこりクラブ」最終日のことです。各小学校が終業式の日、違う小学校から通っている4年生男児のひろくんだけ給食を食べずに帰ってきました。保護者の方からは、お弁当をつくる余裕がなかったのか…「千円を持たせるので何か買ってやってください」と連絡がありました。

そこでひろくんと相談し「どこかに食べに行こう」と外食に行くことになりました。何を食べようかと探しながらドライブしていると、急

もらったばかりのカロムに夢中

にひろくんが「オレ、この町が好きなんよ」と語りはじめたので「どんなとこが好きなん?」と問うと「ほら、この山とかめっちゃキレイじゃろ? 家族も友だちもおるし、ここ以外で暮らす想像ができん」と語ってくれました。

この時期のかかわりを通じて、子どもたちは、「まびひょっこりクラブ」に依存しているわけではなく、終わりゆく「まびひょっこりクラブ」を〝卒所〟する気持ちの整理をしていたのでしょう。つまり、この「まびひょっこりクラブ」は、通っていた子どもたちの心を整えるための場所でもあったのだと思います。

そこはいつか終わりを迎える場所ではありますが、学童保育で6年間過ごして終わりを迎えることと大きな違いはなく、終わり(卒所)に向かって、日々幸せだと感じられるように支援していくという、指導員の根幹の部分は変わりません、だからこそ、ここまで多くの指導員がかかわって成立したのだと思います。

被災するという大人でも心が折れそうな中、ただ預けられる場所をつくるのではなく、子どもたちをケアするための居場所をつくる必要があり、そこには、ケアのプロである指導員の力こそが必要であるということを多くの方に知ってもらいたいと思います。

水害で汚れた駅をそうじ

コラム3

名古屋からの支援「まだ見ぬ仲間を救いたい〜380キロの距離を超えて〜」

田頭　直樹（一般社団法人ゆいのつばさ代表　あおぞら学童保育クラブ・所長）

1　380キロ離れたつながり

「緊急時の学童保育について一冊の本にまとめたい」突然いただいた電話越しの声に一瞬「?」となるも、数回しか会ったことのない私でも、声と顔の一致には時間を要することもなく、岡山県学童保育連絡協議会の若井暁さんということにすぐに気づきました。記憶というのは時にびっくりするもので、ビューンとあの夏の真備での記憶が私の頭のどこかから跳ねるように蘇ってきました。それからしばらくして、呼ばれるがままオンラインの打ち合わせ会議に参加しました。いざオンラインでの打ち合わせが始まると、モニターの向こうで話しているのは、わずかな期間だったけれども、ともに夏の真備で保育活動をさせていただいた同志ともいえる指導員のみなさんの姿でした。懐かしの面々。パソコンのスピーカーから聞こえるみなさんの声が私の耳に入ってくると、私の記憶はまだ2018年のあの日とつながっていると感じました。

あの夏、380キロ離れた名古屋市緑区の「あおぞら学童保育クラブ」から、応援要請のあった岡山の「まびひょっこりクラブ」での保育支援に携わりました。

2 まだ見ぬ仲間を救いたいという想い

岡山県の学童保育と私たち「あおぞら学童保育クラブ」につながりが生まれたのは、まだオンライン会議という言葉が世間で流行る前の2017年。岡山県学童保育連絡協議会と作業療法士連携を通じて、我々は学童保育に対する新たな視点を得ることにチャレンジしていました。

その1年後、岡山県学童保育連絡協議会から被災地への保育支援の依頼が「あおぞら学童保育クラブ」に届きました。当時の私が得られる情報はテレビやSNSから流れるものであり、コンビニや街頭での募金活動等、自分にできることとして支援するけれども、どこか他人事だった私に届いた思いもよらない要請でした。被災ともなればもちろん急であり、また先方からもダメ元でというお願いでした。夏休み直前、学童保育所にとっては1年で一番忙しい時期でもありました。もちろんこの業種は人手が多いわけではありません。私自身も施設の責任者を務める立場であり、その瞬間は何をどう判断していいのか頭を抱えましたが、自分なりには結論を出すことができました。それは「まだ見ぬ仲間を救いたい」という、私が今まで経験してきたボランティア等の活動での仲間や恩師から合言葉のように教えられてきたことが、これまた記憶として蘇り自身を突き動かしてくれました。

もちろん私の一存では決めきれません。こちらもダメ元ですぐに当時のあおぞら学童保護者会の会長や役員に相談しました。「行くしかないでしょ！」とびっくりするくらいに即答で返事をいただきました。「保護者会に対しては私たちで説明します。こちらで人手不足になったら保護者が保育協力に入るから、こちらの保育体制が気になるのであればリレー形式でもいいので、すぐに岡山と連絡や準備をして行ってきなさい！」保護者会からも緊急で承認をいただき、私を含めて常勤の3人の指導員は研修扱いの勤務として送り出され、真備に向かうことになりました。私たちは決まっていた夏休みのシフトを再度組み直し、一時的に負担を強いる現場の仲間にも、この活動が将来的に「あおぞら学童保育クラブ」にとってプラスになることに対して理解を示してもらい、快く送り出してもらいました。

一方、不安要素も多くあったのは事実です。リーダー的立場を担っている指導員3名が抜けること、大きな行事の前だったこと、夏休みの一大イベントであるお出かけのこと、学童保育所の移転問題が起きていたこと。被災直後でなかなか情報が入ってこないこと、あげるとキリがないくらいたくさんの受けられない理由もありました。

しかし、保護者も指導員も後ろ向きになることはなく、むしろ少しでも被災地の希望になるならといった雰囲気になっていました。「あおぞら学童保育クラブ」としては、過去に連絡協議会のプロジェクトの一環として、被災地の保育支援に入った経験があることで一定の理解があったことも要素として大きかったとは思いますが、それがあったとはいえ、今回は急な話であり、状況も違います。それでも強く背中を押してくれたことで、私たちは真備に向かいました。

3 後日談

1週間の真備での保育支援は、感じること、学ぶことの多い毎日でした。そんな内容を保護者会や地域の公職者のみなさんに向けて開催した報告会では、私たちが目で見て肌で感じたことを聞いていただきました。保護者会では380キロ離れた真備のためにできることを議論し、地域の夏祭りでの収益すべてを寄付することになりました（年間一番収益が出るが、一番忙しい出店）。

私はこの一連の経験から改めて災害時の助け合いの姿について考えさせられました。振り返ると名古屋市から岡山への支援活動は、地域を越えた協力と連絡協議会のあるべき象徴であり、被災地の声に応える重要性を示すものでした。また、保育支援に参加させてもらった経験は自分たちにとっても生きた学びとなり、子どもたちには困難な状況でも成長と希望を見つける力があることに深く感銘を受け、そこに気づき引き出せることが指導員として積み重ねる実践の応用であることだと強く感じました。だからこそ、災害時において、私たちは地域を越えて手を差し伸べ、助け合いの精神を貫く必要性があると思います。助け合いの精神がもたらすつながりとその中にある希望は、何にも変えがたく計り知れないものだと思います。

最後になりましたが今回の支援活動は、真備だけでなく、我々「あおぞら学童保育クラブ」にかかわる児童や大人にとっても、より身近な問題として捉えるきっかけとなり「今起きていることに対して私たちにできることは何か」を改めて考えさせてくれるなど新たな視点を与えてくれたと感じています。

保護者会からの寄付を渡す応援の小嶋哲志指導員

２０１８年７月から12月まで続いた「まびひょっこりクラブ」という緊急時の学童保育実践。この実践を通じてさまざまな新たな支援の輪が広がりました。「まびひょっこりクラブ」へたくさん外部支援者を送ってくださり、クラブが真備へ移動した際も支援をしてくださった石原靖大さん。「まびひょっこりクラブ」の閉所後も、「ＫＩＺＵＮＡフェスタ」開催などを通じて、真備での継続した支援を続けています。

また、豪雨の被害にあい「まびひょっこりクラブ」を利用した保護者である見附歩美さんは、「まびひょっこりクラブ」での保育支援を経験してから学童保育に対する認識が変わりました。真備に戻ってからは、保護者会長として地元の学童保育を盛り上げたり、学童保育とは異なる

子どもの放課後支援として、大学生と「がくまび」を立ち上げたり…。２人とも、「まびひょっこりクラブ」の支援を、その後も真備での子どもたちの活動へとつないでいます。
　このような経験は個人の成長にもつながっています。「まびひょっこりクラブ」「ＫＩＺＵＮＡフェスタ」「がくまび」という一連の支援のつながりにすべてかかわった寺尾朱音さん。コラム４は、第６節で大学生としてボランティアにかかわった寺尾さんのその後です。
　緊急時の学童保育実践でありながら、学童保育を超え広がっていった「まびひょっこりクラブ」の軌跡。みんなの想いでつないだ実践のその後をお読みください。

8
「いのりんジャパン」によってつながる支援

石原　靖大（いのりんジャパン・代表）

1 信頼と信頼のつながり

２０１８年7月西日本を襲った豪雨により甚大な被害を受けた倉敷市真備町をはじめ、高梁市、笠岡市、矢掛町、そして私の住んでいる岡山市でも水害が発生しました。牧師としての働きの中でゴミ拾いの活動を主催したり、さまざまなかたちでふだんから地域とかかわっていた私は、教会のメンバーやふだんかかわっている各地の教会を中心に呼びかけ、緊急の物資支援に取りかかりました。水害発生直後から情報収集、情報発信をし、7月10日には一回目の物資を高梁市へ、11日は高梁市と矢掛町へと、現地と直接やりとりしながら必要な物資を届けました。

人から人へ信頼を土台として情報が発信される中で、東北で災害支援をされていた方から共通の友人を介して連絡が入りました。

「被災されたご家庭のために暫定的な学童保育を立ち上げる動きがあるから助けてほしい」

7月14日各地の支援調整に奔走している合間、「ながおキッZ児童クラブ」にて若井暁さんたちとお会いし、詳しく状況をお聞きしました。5人の子育て真っ最中であった私はすぐに引き受けました。そうして7月17日「いのりんジャパン」を設立することとなりました。

2 経験と情報をつなげる

点と点がつながり線となり、線と線がつながり面となり、そしてさらに立体になる時に大きな力になります。活動の柱は、①学童保育サポート、②被災地での泥の除去などの作業支援と決め、地元、全国、海外からのボランティアも受け入れて活動を開始しました。「まびひょっこりクラブ」に8~9月で延べ117人、「呉妹たんぽぽ児童クラブ」に8~9月に延べ58人の方をボランティアとして結果的におつなぎしました。

遠方からのボランティアを受け入れるにあたり、課題となるのが宿泊場所です。ふだんであれば自己完結が前提となりますが、一人でも多くの手が必要という状況の中で倉敷市学童保育連絡協議会を通じて最終的に4か所で計30人以上の宿泊受け入れが可能な体制が整い、長期ボランティアの方には自炊もできる場所を提供することも可能となり

KIZUNA フェスタにて感謝状贈呈

ました。

いろんな方々をボランティアとして受け入れる中で「子どもとかかわる」という課題に対して、個々がもっている感覚を調整する必要性に気がつきました。それは学童保育の中で重要な部分である非認知能力を高めるという視点をもっていただくことです。例えば問題に大人がすぐに介入・解決するのではなく、自分たちで解決する力を身につけることができるようサポートすることです。

また、お迎えが遅い子に対して「おうちには何時に帰るのかな?」と聞いてしまった時がありました。すると「おうちはないよ。これから学校の教室に帰って床にそのまま寝るの」と答えがありました。この後、私は深く反省しました。その後、「家」に関する言葉は注意するようにと事例も交えて引き継ぐようにしていきました。成功事例だけでなく失敗事例をボランティアの方に共有していくことも大切です。

3 安定と心のつながり

夏休みが終わり、学童保育の活動拠点が真備町箭田にある公民館や公会堂をお借りして行われるようになり、特に重要になってきたのは「定期的にかかわってくださる方」です。夏休みの間、芸能人や各メディアなど本当に多くの人の出入りがありました。ふだん会えないような人たちとの出会いや体験は貴重なものです。しかし、一緒にいてホッとできる存在が子どもたちの精神的な安定のためにはとても重要です。子どもたちも「水曜日に来てくれるお姉ちゃん」とか、「紙芝居のおばあちゃん」など名前よりもどのようにかかわってくれているか？という視点でボランティアの方を覚えてくれていました。この頃から単発の方は作業支援に回っていただき、定期的に来てくださる方に学童保育サポートに入っていただくようにコーディネートしていきました。

その頃から日中は作業支援を行い、夕方から学童に合流するという毎日を送っていました。そんなある日、作業支援で私たちが箭田地区の最寄りにある吉備真備駅前のロータリーにある建物をきれいにしていたタイミングで、子どもたちを乗せたバスがその場所に到着しました。その時に「僕たちもやる〜！」と言って、みんな一緒に手伝ってくれたことは忘れることができません。一緒にやることで経験や知識をつなぐ機会をつくることができました。

KIZUNA フェスタに集うなかま

4 いのちと心を未来につなぐ

大きな施設を清掃していた最終段階で、壊れた室内プールの中に魚が泳いでいるのを見つけました。若井さんや指導員のみなさんと相談し、学童保育の子どもたちで救出作戦を実行することになり、転んでもいいように腰にロープをつけて準備し、くるぶしほどの水深になっている変形したプール（事前に大人が入り強度チェックやケガしそうな箇所はないかチェック済）に子どもたちが入り、2匹の魚と1匹のエビを救出しました。子どもたちにとって小さな命を助ける大きな経験になったと思います。

また、子どもたちはいつもお互いに助け合い、いたわりあって成長していっているように私には見えました。毎日、学童保育の後、避難所に帰る生活、登下校時間もふだんより長時間かかるようになっている子も多く、とても大変だったと思います。その中でお互いに励まし合ったり、高学年の子どもたちは低学年や小さい子の面倒を見ていたり、友だち同士でのつながりも家族的な空気感が印象的でした。当時4歳だった私の末っ子のこともよく面倒を見てかわいがってくれていました。

「真備の子どもたちは、与えることをとても喜んでできるんだなぁ」と感心することが多くありました。聖書の中に「受けるよりも与えるほうが幸いである」と書かれています。置かれている状況でニーズを見つけ、積極的に喜びをもってかかわっていくことでいのちを育み、心を豊かにし、未来につながる経験となります。

5 新しいきずなにつなぐ

災害発生から2か月が経過した頃、行政担当者の方と現地での活動調整のために真備町川辺地区にある公園で打ち合わせをしました。その中で、地域住民の方が集まって思い出の1ページになるような復興に向けてのイベントをしたいという共通の想いが響き合ったことがきっかけとなり、「第一回ＫＩＺＵＮＡフェスタ」を実施することになりました。

予算も時間もない中で大型トラックをステージとして提供してくださる企業や手弁当でかけつけてくれるアーティストの方々など、本当に多くの方々との絆と情熱で１０００人以上の方が来場される復興支援イベントとなりました。その中で倉敷市学童保育連絡協議会のみなさまはステージの出演や子どもたちの遊び場の運営、裏方のボランティアまで共に歩んでくださいました。そして、学童保育の中で共に時間を過ごしてきた小学生もけん玉ダンスでステージ出演をしてくれました！そこには支援者と被災者という隔ても大人と子どもという区分もまったく存在せず、ただみんなでアイディアも力も出し合って一緒に素敵な時間を共有するという一体感がありました。

毎年続け２０２３年11月には「第5回ＫＩＺＵＮＡフェスタ」を実施することができました。この回を重ねていく過程で、子どもたちがボランティアとして、子どものお店屋さんで店員さんとしてかかわる機会を設けるなどの創意工夫をしながら共に考え、共に歩むことをチャレンジしてきました。その思い出と経験を将来に生かしてほしいと心から願います。

9
「がくまび」として引き継がれる実践

見附　歩美（ボランティア団体「がくまび」）

① 避難しても安心して子どもを預けられる場所

私の自宅は、2018年、西日本豪雨災害により全壊になりました。

当時、夫が出張で不在のため、長男（小学校2年）と次男（保育園年長児）とペットの犬1匹を連れて車で子どもの通う小学校へ避難しました。「避難」という言葉に不安ばかりで、何度もなるエリアメールも友人からの避難の知らせも、すでに寝ている子どもを起こして私1人で2人と1匹を連れて避難する判断ができずに躊躇していました。結局、避難をするきっかけは、総社市下原のアルミ工場の爆発の音と爆風による大きな揺れで、私は、河川の氾濫だと勘違いしたことで、水が来る前に避難ができました。子どもたちは通常より2週間ほど早めに夏休みになりましたが、保育園も被災し、長男の通う学童保育所も避難所の要介護者の部屋になり、そのため学童保育はお休みになりました。

しばらくして、長尾分館で真備の子どもを預かってくれる話を川辺小学校の学童保育を利用するお母さんに聞きました。早速、電話してみると若井暁さんが電話に出て二つ返事で「いいよ」と言ってくださいました。園児の次男も一緒にいいと言ってくださり、次男は乳と卵の食物アレルギーがあり心配していたら、そのことも対応してくださるとのことでした、避難所での食事は、アレルギー対応がなく毎日同じ冷たいお弁当とパンだったので、私はあたたかい食事を子どもだけでも食べられることがうれしくてありがたくてお迎えのたびに、「今日、こんなの食べたよ」と聞くと涙が出たのを覚えています。

安心して子どもを預ける場所があり、子どもが楽しかったと1日身体を動かし笑顔で帰ってきて、ストレスいっぱいの避難所の生活で夜も明るい体育館の消灯時間に、すっと朝までぐっすり寝てくれた時、私が一番安心して寝られました。

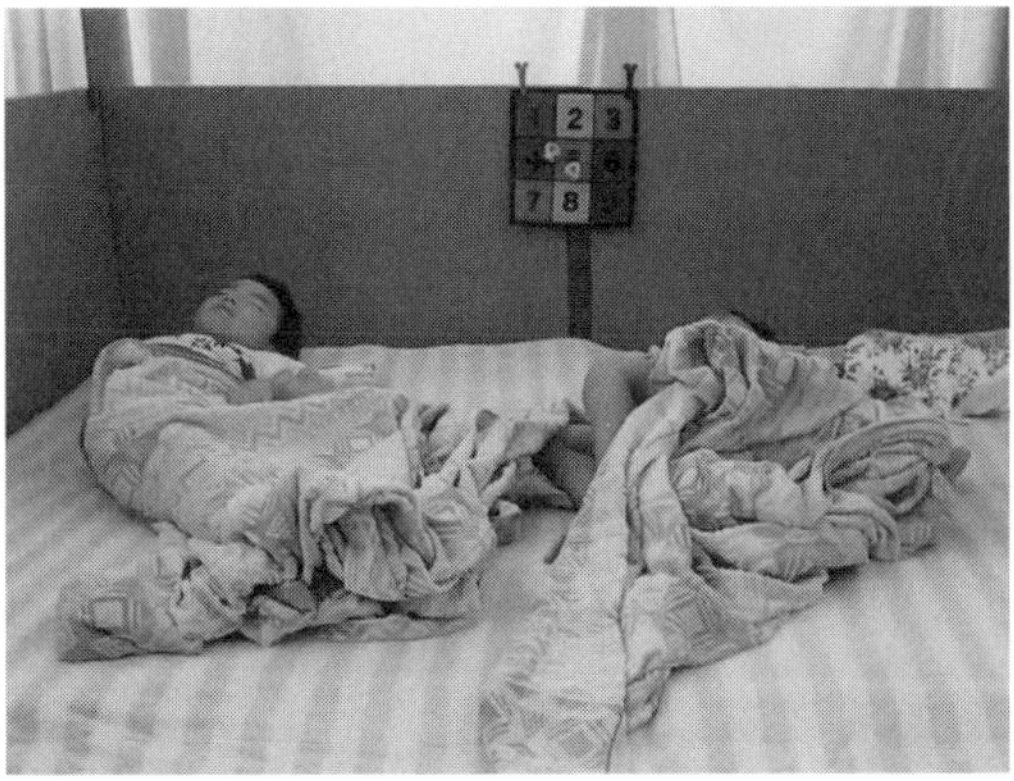

避難所でねむる子どもたち

2 「楽しく通える学童保育」「行きたい学童保育」を目指して

私は、学童保育のことを、保護者が仕事をして放課後迎えに来るまでの待機場所で、子どもが行きたくないと言っても我慢させても仕方ないと思っていました。学童保育へ通わせる保護者はみなさん仕事をしているので、保護者会の役員も集まりが悪く、決まらず、子どもが3年生になる年度に役員をする暗黙のルールがあったり、さらに翌年には新入所の新1年生の人数によって退所を促される面談がありました。

「まぴひょっこりクラブ」を利用して、帰ってくる子どもの楽しかったという言葉や隣の「ながおキッズ児童クラブ」の様子を見るまでは、学童保育を子どもの楽しい居場所として考えもしていませんでした。被災をきっかけに違う学童保育を知ったことで「楽しく通える学童保育」「行きたい学童保育」があることを知りました。

２０１９年の春からは、長男が3年生になるので私が保護者会会長を引き受けました。被災後、保護者会も開けずにいたので、一緒に役員を引き受けてくださる方を有志でお願いしました。

役員の方にまず、「今の学童保育でお子さんは楽しいか?」「行きたいと言っているか」と聞きました。私は他の学童保育を役員の方に知ってほしくて、「中島学童保育」で行われていた指導員さんの集まりにオブザーバーとして一緒に参加させていただき、いろんな指導員さんのお話を聞かせていただきました。その後、「ながおキッズ児童クラブ」で行われていた交流会に数名の役員と子どもと一緒に参加させていただきました。その時は、現状をお伝えすると、ながおキッズの指導員さんが涙を流してくださったのを覚えています。

役員で話し合いを繰り返し、指導員とのコミュニケーションを考え、「子どもが行きたい学童保育」を目指しました。結果的に私は、3年間保護者会会長を続け、いろいろなことを行いました。最初の1、2年目は長年やっていた当たり前を変えていったため、指導員からするととても嫌な存在だったと思います。家族や他の役員さんの理解・協力がなければ、途中で心が折れていたと思います。楽しい学童保育は、うちの子には間に合わなくても、これからの子どものためにやってよかったと思いました。

3 そして、「がくまび」へ

２０１９年の夏休み前、もうすぐ被災から1年という頃、梅雨になり私も子どもも天気予報ばかり気になっていました。西日本豪雨の映像がテレビに映ると目をそらしたり、雨の日は増水している高梁川の橋を渡るのが怖かったりと、フラッシュバックする日もありました。

「今年の夏休み、留守番させる?」という保護者同士で話す機会が増えました。今までは公園で遊べていたのに、ガレキ置き場になっていた後、清掃されないままで、細かいゴミやガラスなどが散らばっていて安全には遊べなくなってしまい、また再建のための解体工事も始まり大きなトラックが行き交う中、子どもに「外で遊んでいいよ」とも言えない状況でした。学童保育に通っていた子も、

「がくまび」に集まるたくさんの子どもたち

住む場所（みなし仮設住宅）が違う地域だったり、家庭の事情で通えなくなったり、利用していなかった子が学童保育を必要になっていたり、学童保育とは違う子どもの居場所はつくれないだろうかと考えました。この利用者のニーズに合った活動をしたいと思ったのが「がくまび」のはじまりです。

２０１９年７月、夏休みにぶどうの家にてスタートしました。「がくまび」は、大学生が主体で運営するボランティア団体として「まなぼう」「あそぼう」「つながろう」をコンセプトに学生と地域の大人が協力し合い活動をスタートしましたが、手探りの状態で始まり、大学生の卒業のたびに代表が変わるので、世代交代に苦戦しながら何度も困難を乗り越え、活動の場所や内容が変わっても、その時、その時の参加者のニーズを聞きながら今も続いています。

「がくまび」にボランティアで参加してくれる大学生は当初、関東の大学や県外の大学からも問い合わせがあり、単発で来てくれていました。現在は、友人や先輩からの紹介、Ｆａｃｅｂｏｏｋ、Ｉｎｓｔａｇｒａｍなどでの募集を見て応募してくれています。将来、子どもにかかわる職業に就きたいと思っている学生は、実習のように興味をもって参加してくれます。一度楽しいと思ってくれたら次回も参加となり、学校で教わったことのアウトプットの場所としてプログラムの企画を提案してくれます。

学生自身が小学生と〝あそびの楽しい〟を〝学び〟に変えてくれると、「がくまび」のコンセプトの「あそぼう」「まなぼう」を実感することができます。また、他の大学の学生との交流、「がくまび」ＯＧとの出会いでコミュニケーションをとり、就職の話など身近な経験をリアルに聞くことで、縦の〝つながり〟を体験します。横のつながりは、地域のお年寄りやふだんかかわることのない地域の人として、私も一緒に活動をする中で必要な物の買い出しや、書類・プログラム作成、工作、お弁当の手配などを社会人になる準備として実践していきました。

「がくまび」を続けるにあたって、何度も壁にぶつかり、そのたびに活動継続を協議しました。

私自身、ボランティアの難しさを痛感しました。ある日、「なぜ？　朝から晩までボランティアで家をあけているの？　無償なのに？　なんでしているの？」と主人に聞かれた時行き詰まりました。誰かが働きに行くために自分は仕事を休み、自分の子は学童保育へ行かせ、よその子を預かっている現状によくわからなくなっていました。「ボランティアとは？」と何度も考えました。

「何のために？　誰のために？　いつかの誰かのために」そう言いながら自分を苦しめていたのかもしれません。

子どものためにと被災した子どもたちの居場所づくりとして経験もない活動を始めましたが、やはり被災した子をもつ同じ保護者として、あの夏ガレキでいっぱいになった真備町から夕方「まびひょっこりクラブ」へお迎えに行くと、「まだ帰りたくない」とだだをこねる姿や、「また明日」と帰る時の子どもの笑顔を見た時が、どんなボランティアよりもありがたかったことが忘れられず、保護者にとっての支援として私が続けた理由だと思います。

被災者になって初めてボランティアの方の支援を受け、誰かの「誰かのために！」に助けられたことを、私は伝え続けていかなければいけないと思いました。私にとってこの災害の体験は、とても貴重な経験となりました。この災害でたくさんのものを失いましたが、人とのつながりを通して、たくさんのご縁に出会えたことに感謝しています

コラム4

ボランティアとしての経験を生かして教員へ

寺尾　朱音（岡山市立横井小学校・教諭）

1 ボランティアの経験を生かして

2022年から岡山市で小学校の教員として働いています。「まびひょっこりクラブ」の経験、「がくまび」での経験を生かして子どもたちと日々楽しく過ごしています。

そんな楽しい日々の中で、経験したことが生きた場面がたくさんありました。

初任の年に私は3年生を担任しました。私のクラスには愛着障害のゆなや、自分の思いを伝えることが苦手なしゅんたなどさまざまな子どもがいました。

前述した二人以外にも、思うようにいかないと物にあたってしまう子、相手を思いやることが苦手な子、物事に過度に不安を感じなかなか活動できない子などがいました。

私は「まびひょっこりクラブ」「がくまび」での経験を生かして、子ども一人ひとりに向き合い、その子どもに合ったかかわり方とは何か、その子どもがより楽しく学校生活を送ることができるようにするためには何が必要なのかを常に考え、子どもたちが出したSOSを見逃さないようにすることで、子どもたちが安心して過ごすことのできる環境をつくることができていると感じました。

また、保護者の方やさまざまな機関とつながったり、校内での共有を大切にしたりしてきました。たくさんのつながりや共有をすることで、課題を抱えている子どもたちが家庭でも、学校でもさまざまな場所で安心して、過ごすことができるように手立てを打つことの大切さも重要であると思います。

2 学童保育とのかかわり

私の勤務する学校にも学童保育が校内に3施設、校外に2施設あります。それぞれたくさんの子どもたちが通っています。

私は、学校の担任として学童保育とのかかわりで大切にしていることがあります。それは、学校で感じた子どもの変化や学童保育の中での子どもたちの様子の情報交換を特に大切にしています。私は、大学時代の経験から学校で見せる姿と学童保育で見せる子どもの姿には大きな差があることを学びました。そこで、しっかり学校での様子、学童保育での様子の情報交換をすることで子どもたちとのかかわり方のヒントを得ることができると考えます。

3 これから…

教員になった今の目標は、大学時代のさまざまな経験から得たことをもとにさらに子ども一人一人に向き合うことができ、今その子どもに必要なかかわりや支援は何かを瞬時に考え行動することができるようになることです。

そのために、私は日々積極的に子どもたちとかかわり、子どもをしっかり観察することのできる力を身につけたいと考えます。

10

振り返ってみて、「まびひょっこりクラブ」が担った役割とは何だったのだろうか？

若井　暁（ＮＰＯ法人くらしき放課後児童クラブ支援センター・統括責任者）

・「まびひょっこりクラブ」が担った役割とは何だったのか？　「まびひょっこりクラブ」とは、学童保育が行った初めの一歩の子どもへの緊急災害支援だったのではないだろうか。
・災害が起こった時、子どもの支援は誰がするのか？　誰ができるのか？

1　災害支援は学童保育の専門分野？

災害時にペットとともに避難場所に避難するのは難しいと言われる中、ある被災地域では、獣医師がペットを預かる支援を行っていました。動物の健康や生命を守るプロが預かる支援をしてくれるのだから安心して預けることができます。学童保育もまた、児童期の子どもの放課後の生活やあそびを支援し、心をケアするプロです。だからこそ、災害時における児童期の子どもの支援は学童保育が行うべきであり、保護者も安心して子どもを預けることができるからこそ、被災後の家の片づけをしたり、働き続けることができます（主に働く保護者の子どもを預かるのが学童保育）。

「命だったり、災害の復旧だったりが優先され、子どもの生活やあそびが後回しになる」

災害時における子どもへの支援は遅れがちだと、セーブ・ザ・チルドレン・ジャパンの赤坂美幸さんは言います。学童保育は、災害時においても子どもたちの強い味方になれます。これが、私が「まびひょっこりクラブ」の支援を通してわかったことです。

西日本豪雨の災害を受けた倉敷市真備地区。２０１８年7月6日深夜に河川が決壊。数日後の12日には保育をスタートさせ、15日にはセーブ・ザ・チルドレン・ジャパンによる災害時における子どもへの支援についての研修が行われました。すぐに研修が行われたことも迅速な支援となりました。研修で学んだことは、次の点です。

一つ、生活のルーティーンを大切にすること。
一つ、あそぶこと。
一つ、ケアすること。

普段から学童保育で大切にしている三つの柱が災害時でも大切にすべきことであるとわかりました。学童保育は、異年齢集団におけるあそびを中心とした放課後の生活の支援を日々担っています。だからこそ、日常の生活が大切な意味をもつようになる災害時の子どもへの支援が学童保育の大きな役割となり、心の養護（ケア）を専門にしているからこそできる災害時の子どもへのかかわりも重要な役割になるといえます。研修を受けて、災害支援は、学童保育の専門分野であると確信することができ、「まびひょっこりクラブ」の災害支援を行う中で、その想いは強くなりました。

2「まびひょっこりクラブ」は未来の形？

さらに、研修を通して、災害時における学童保育が担える子どもの未来への可能性を探ることができました。

どんな未来か？

それは、災害時という困難な状況下であっても、子どもたちが近隣の学童保育で楽しくあそぶことができる未来。生活が乱れることなく、昼食・おやつ・あそび・掃除等、日常生活のルーティン的なスケジュールを子どもたちが自分たちで相談して決めることができる未来。災害ごっこで災害を振り返ったり、つらい気持ちも隠さずに表現したり、話に耳を傾けてもらいながら安心して過ごすことができる未来。災害によりしんどくなっていく、一人不安な気持ちになっていくのではなく、災害時でも普段と変わらない子どもの日常が保障され、安心・安全な環境の中で、笑い声を立てながら楽しく過ごすことができる未来。

そんな未来を現実のものにしていくために、「まびひょっこりクラブ」は大きな役割を果たしたのではないでしょうか。

「まびひょっこりクラブ」の大きな特徴として、近隣の学童保育が支援したことがあげられます。

被災地域の真備地区から車で20分という近隣にある被災していない地域の学童保育が支援することで、被災から6日後の7月12日には保育支援を開始することができました。保育園による乳幼児期の子どもの支援が始まったのが7月24日ということからすると、災害支援としては迅速な対応ができたといえるのではないでしょうか。普段から学童保育をしている施設、保護者が送迎するのも近いということで支援が可能になりました。

また、近隣の学童保育が支援をするうえで、8時間勤務の正規職員がいるということも支援ができた大きな要因であったと考えられます。正規職員という責任ある立場の職員を普段から雇用することで、災害時、緊急時においても助け合いが可能となりました。

3 つながりのバトンリレー

陸上のリレー競技では、日本が世界に誇るスムーズで早いバトンの受け渡しによって銅メダルを獲得したことを記憶している方は多いのではないでしょうか？

陸上競技のリレーでは、他国の選手たちよりも早くゴールすることが求められます。災害では、子どもたちの生活を助けることで家族の支えとな

ありがとう

り、日常を少しでも早く取り戻すことがゴールとなります。

西日本豪雨では、日本の陸上競技のリレーにおけるスムーズで早いバトンの受け渡しのように、子どもの生活を守ることで、その家族を助けるというゴールに向かって、知っている方から知らない方まで無数のバトンがスムーズに、そして早くつながっていったのではないでしょうか。

それは、比較できないですが世界で戦った日本代表の陸上選手よりも早かったかもしれません。

そして、被災した人たちの途方に暮れた気持ちを考えると、早く助けるという行為は、とても重要だったような気がします。

4 つながりというバトン　助けるというゴール

助けるというゴールには、知っていることのつながり、倉敷市という町の括りにおける近隣のつながり、近いこと・知っていることから助けるという行動が生まれてきます。

さらに即行動につながったのは、被災した現地に「日常からよく行く学童保育」というつながりがあり、行ったことがあって、知っている指導員さんがいるつながりの中で、現地確認ができたことによって、即行動につながりました。また、そのことにより、現地の状況が困難であり、助けが必要であることが明確になりました。

行政とのつながりでは、災害にあった児童の放課後の居場所づくりの依頼があり、保護者への学童保育開設のお知らせを真備地区の保護者全体に知らせてくれました。

倉敷市学童保育連絡協議会・岡山県学童保育連絡協議会・全国学童保育連絡協議会のつながりで支援者の確保・物品の確保・義援金の確保もスムーズにできました。

地域とのつながりでは、場所の提供・昼食の提供など、重要なところを地域が担ってくれました。

大学とのつながりでは、ボランティア派遣と学習支援ができました。

被災者自身から必要なゴール（助けてほしいこと）を確認しつつ、そのゴールに向けたバトンを渡していく。そんなつながりというバトンと助けるというゴールに向けた支援がどんどん進んでいったのが「まびひょっこりクラブ」だったと思います。

5 学童保育が役割を担うためには

さらに、「まびひょっこりクラブ」の支援がスムーズに行えた背景として、「ふだんからのつながり」があげられます。「ふだんからのつながり」がバトンと

「まびひょっこりクラブ」の想いを次につなげる！

なり、「真備の子どもたちを助ける」というゴールに向かうリレーのように、つながりがつながりを生み、行き届いた支援となりました。「ふだんからのつながり」というバトンがなければ、この支援はできませんでした。ふだんからの地域社会とのつながりづくりが災害時に支援を円滑に行えることにつながり、災害時の学童保育の役割としての子どもへの支援を担えることにつながっていくのだと確信しました。

「まびひょっこりクラブ」とは＝児童期の子どもの災害支援の「初めの大切な一歩」

- 児童期の子どもの災害支援は、学童保育が行うのがベストである。なぜなら、学童保育のふだんの仕事（専門性）をそのまま災害支援に活かすことができるプロだから。
- ふだんの多様な外部とのつながりが、スムーズな災害支援として機能する！より迅速な対応が必要な非常時には、ふだんのつながりこそが威力を発揮してくれる！

6 今なお、つながり続けている

２０２４年元旦に起きた災害においても、西日本豪雨災害でつながったメンバーがつながりをバトンにして、助けるというゴールに向けて走ろうとしています。

「つながりというバトン」は、今後もつながり続け・被災した子どもたちとその家族を助け続けるに違いありません。ふだんの学童保育のように！

第3章
災害時の学童保育をブリコラージュする

鈴木　瞬（金沢大学・准教授）

1 「まびひょっこりクラブ」の軌跡と奇跡

西日本豪雨の際、「まびひょっこりクラブ」は被災した子どもたちにとってどのような場であったのか。また、実際にかかわった当事者はどのような想いを抱きながら、危機的状況の中で学童保育実践をしていたのか。

第2章では、このことが少しでもみなさんに伝わるように、「まびひょっこりクラブ」の立ち上げから終息までのプロセスについて、当事者それぞれの多様な想いが尊重されながら一つの実践が生み出され、多方面につながっていった軌跡を読み取れるように記述することを心がけました。

いかがでしたでしょうか？　表面的な実践の内容ではなく、それぞれのフェーズでかかわることになった当事者たちが、その時その時に、どのように子どもと向き合い、また周囲とかかわりながら支援をつくりあげ、つないでいたのか。また、支援が終わった後も、どのようにこのことがつながっていったのか。「まびひょっこりクラブ」を通じた複雑な営みの連鎖を解きほぐすことは容易ではありませんでした。

実のところ、この実践のすばらしさは、当時、さまざまなメディアによって取り上げられており、すでに稀有な事例として認識されています。また、学会や研修などでも、当事者である若井暁さんによって報告されています。[1]

ただ一方で「アレができたのは倉敷だから…」といった声を聴くことも少なくありません。

しかしながら、このような声を聴くたびに、当事者でもあった私は思います。「まびひょっこりクラブ」の実践は、さまざまな想いをもった方々がつながった奇跡的な実践である。だが、はたして他の地域ではできないことだったのかというと、そんなこともないのではないかな……っと。

このように思うのは「まびひょっこりクラブ」は、決して特別な組織や仕組みを有する団体が行った実践ではないからです。どこの自治体にでもいる学童保育の指導員が、どこの地域にもある資源や、どこの地域にもいるであろう人たちとをつなぎあわせることで、優れた機能を発揮した実践だからです。それゆえ、後に述べるように、綱渡りのような部分も多々ありました。

私は、２０１８年から「まびひょっこりクラブ」の当事者の方々に何度もインタビュー調査をし、さまざまな角度から、この実践の意義を読み解こうとしてきました。[2]

その結果見えてきたのは、盤石な組織を基盤とした計画的な実践ではなく、どこか曖昧でつぎはぎだらけのモザイクのような側面でした。

研究では、このような実践の側面について、「ブリコラージュ（bricolage）」というモノサシをあて、その軌跡を明らかにしました。このブリコラージュという視点で見てみると、「まびひょっこりクラ

---

1 例えば、日本学童保育学会編『学童保育』第13巻や一般社団法人学童保育士協会編『学童保育研究』19号において、実践の報告がなされています。

2 本書は、ＪＳＰＳ科研費（２０Ｋ１３９２７）「『平成30年7月豪雨』における被災地の学童保育機能の復旧と再開のプロセスの記録化」の研究成果の一部です。

ブ」の実践がもつ特徴が浮かび上がり、そして、このような奇跡的な実践を可能とするための方法とは、どのようなものなのかが見えてきました。

「まびひょっこりクラブ」から読み取れる災害時の学童保育実践における3つの特徴と、それを可能とするブリコラージュの方法とは、どのようなものなのか。第2章の執筆者へのインタビューデータなども示しながら、説明します。

2 災害時の学童保育支援とは？

さて、本題に入る前に…

災害時の学童保育支援の必要性について、①それが支援するものは何かという「機能」と、②いつ、どのような時に、どのような支援が必要なのかという「時間軸」の2つの側面から確認します。

２０２３年12月1日、こども家庭審議会は「こどもの居場所づくりに関する指針（答申）」を出しました。この中には、「まびひょっこりクラブ」のような災害時における子どもの居場所づくりについて、次のように書かれています。

第３章３（５）災害時におけるこどもの居場所づくり
災害時などの非常時こそ、こどもの声を聴き、こどもの権利を守ることが必要である。災害時においてこどもが居場所を持ち、遊びの機会等が確保されるよう配慮することは、こどもの心の回復の観点からも重要である。

通常の子どもの放課後支援と同様、災害時においても「子どもの権利」を守ることは何よりも大切なことです。おそらく、本書をお読みの方ならば、このことを否定する方はいないでしょう。では、ここで守られるべき「子どもの権利」とは何なのでしょうか。

第一に、生存権です。危機的状況において子どもの生命を守ることは何よりも優先されなければなりません。ですが、答申ではこれに加えて、「こどもの声を聴き、…（略）…災害時においてこどもが居場所を持ち、遊びの機会等が確保されるよう配慮すること」の重要性について示されていることはとても強調すべきことです。

つまり、災害時だからこそ、子どもが子どもらしく居られる場を保障することが求められているのです。答申では、このことが「こどもの心の回復」につながるとありますが、ここで回復されるのは、災害により『『普段の喪失』を余儀なくされた子どもたちにとって、被災前の環境条件の回復すなわち『普段の回復』」だと、新潟県立大学の植木信一氏は指摘しています。[3] そのためには、「生活の場」の再構築が必要です。災害発生時の対応を軽視するわけではありませんが、災害を経験するということは日常性を喪失することだという認識をもち、災害時において子どもが子どもらしくいられる「生活の場」を構築することが、災害時の子ども支援において何よりも大切な視点です。これは学童保育の支援においても同様です。

しかしながら、災害時の学童保育支援の意味はこれにとどまりません。セーブ・ザ・チルドレン・ジャパンは、東日本大震災での支援経験をもとに作成した報告書の冒頭で、「被災地での学童保育は、子どもたちが安心・安全に過ごせる放課後の居場所としての役割のみならず、生活再建のために職に就く保護者、あるいは就労を目指す保護者にとって、子どもを安心して預けられる場所として、より一層重要な存在」であると述べています。[4] すなわち、災害時に一時的な学童保育支援をすることは、子どもの居場所づくりではあるものの、そのことを通して、保護者に必要な時間を確保するとともに、想定外の事態を経験した保護者自身に寄り添い、支援する営みでもあるのです。「まびひょっこりクラブ」の実践においても、これら複数の「機能」が果たされていたことは押さえておかなければいけないポイントです。

3 「応急対応期」から「復旧期」にかけての学童保育支援

もう一つは、「時間軸」です。児童健全育成推進財団（２０１３）は、東日本大震災を例に、災害時の対応について４つの時期に分類しています（表３－１）。

ここからわかることは、災害時の対応には、災害発生直後の対応に加えて、数か月単位で続けなければならない中・長期的な対応があるということです。例えば、東日本大震災の際に、被災地の多くの学童保育所が小学校よりも早く再開をしていたことや、被災した保護者より一時的な保育機能の復旧が求められていた記録があります（セーブ・ザ・チルドレン・ジャパン２０１４）。

表3-1 学童保育における災害時の対応の分類と内容の一例

分類	時間経過	内容
救命救急期	発生～ 72時間	①子どもたちの緊急避難・保護、安否確認、応急手当 ②施設設備の被害状況点検 ③保護者・学校・行政・関係機関への連絡 ④被災職員の出勤体制の確認・指示…など
応急対応期	３日後～ ３か月	①再開時期の確認 ②施設が利用できない場合は、場の確保 ③再開支援を呼びかける ④子どもの生活支援、遊び支援
復旧期	３か月～ １年	①親が安心できる安定かつ柔軟な運営 ②ボランティアコーディネート ③居場所感を高める ④子ども・親のニーズ把握　…など
自立復興期	６か月～ 数年	①保護者の生活の変化に注目する ②学校の様子の確認 ③まちづくりへのアプローチ ④子どもの変化に注目する（PTSDなど）

一般社団法人 児童健全育成推進財団（2013）『児童館・放課後児童クラブのための安全対策ハンドブック』をもとに筆者作成。

3 植木信一（２０２１）「非常時における学童保育支援論─放課後児童支援員のための支援者支援プログラムをとおして─」日本学童保育学会編『学童保育研究の課題と展望』明誠書林、３３５－３５３頁

4 セーブ・ザ・チルドレン・ジャパン（２０１４）『東日本大震災学童保育指導員の記録集～学童保育の現場で何がおきていたのか～』２頁

もちろん、「放課後児童クラブ運営指針」に示されているような事前の準備や緊急時の対応も学童保育においては重要な危機管理の営みです。しかしながら、被災した児童やその保護者は、個人差はあれ、比較的長期にわたって、「普段」を喪失し続けることになります。また、このことは被災した学童保育やその周辺に位置する学童保育においても同様です。子どもの遊びや生活という日常性にかかわる学童保育においては、事前や緊急時と同様に、子どもや保護者、学童保育そのものが「普段の回復」を果たすまでの中・長期的なプロセスを視野に入れて、危機対応を意識しなければなりません。このことも、災害時の学童保育支援の基本となるポイントですので、しっかりと押さえておかなければなりません。

4 災害時の学童保育支援を読み解くための「ブリコラージュ」というモノサシ

以上を踏まえると、「まびひょっこりクラブ」は、被災した子どもとその保護者に対して、一時的な学童保育機能の復旧を目指して実施された中・長期的な支援といえます。

しかしながら、その実践のあり様は、事前に災害対応の準備が整えられた組織によって、計画的に、被災した子どもや保護者へのかかわり方を学んだ支援者が配置され、共有された目的（ゴール）に向けて駆け抜けた、危機管理的実践だったかというと、決してそのようなものではありませんでした。むしろ、「まびひょっこりクラブ」の実践は見切り発車といえるものであり、私自身も含め、さまざまな方が巻き込まれる形で参画し、夏季休業期間における一日保育という過酷な状況をなんとか乗り越えてきた実践であったといえます。

このように表現すると、場当たり的で、たまたまうまくいった実践であったように聞こえるかもしれません。…というか、実のところ、そのような側面がないわけではありません。

しかしながら、私は、そのような側面を否定的に捉えてはいません。むしろ緊急時に求められた必要性から開始し、そこに偶然居合わせたさまざまな当事者がかかわり合い、力を組み合わせることで、何とか子どもや保護者のニーズを満たしていった（…しかし、それがとてもよかった！と言えるような）優れた「危機対応」の実践であったと考えています。

このような認識を導いてくれるモノサシが「ブリコラージュ」です。

ブリコラージュとは、文化人類学者であるクロード・レヴィ＝ストロースが『野生の思考』（１９７６）の中で提示した概念です。「ありあわせのものを再構成することによって新しいものを創造する営み」のことを意味し[5]、日本語では「器用仕事」と訳されます。また、ブリコラージュを巧みにこなす人のことを、「ブリコルール（bricoleur）」と呼び、「くろうととはちがってありあわせ

5 飯田高（２０１９）「制度によるブリコラージュ――規範と組織の再創造に向けて」東大社研・玄田有史・飯田高『危機対応学 危機対応の社会科学下 未来への手応え』東京大学出版会、97頁

の道具材料を用いて自分の手でものを作る人のことをいう」とされています。[6]

想定外の事態が生じうる危機においては、このようなブリコラージュにもとづく即応的対応が求められます。真備町において複数の学童保育所が機能しなくなってしまうとともに、被災したり／避難所として運用されていた小学校が通常よりも早く夏休みに入った想定外の危機的状況において、急遽立ち上げられた「まびひょっこりクラブ」は、まさにありあわせの材料（人材、ハコモノ）を再構成することで、新しく想像された場であったといえるでしょう。

5 エンジニアリングとブリコラージュの違い

では、ブリコラージュとは具体的にどのような行為であり、それはこれまで学童保育においてなされてきた安全対策・危機管理の取り組みとどう違うのでしょうか。ここでは、レヴィ＝ストロースがその対概念としてあげている「エンジニアリング」と比較して、身近な例をもとに考えてみましょう。

例えば、なんだか急にお腹がすいてきました（いきなりですね…）。

　もし、今あなたが「カレーをつくろう！」と思い立ったとします。その時、レシピに沿って必要な材料を買いそろえ、レシピ通りにカレーをつくる……。このような一連の行為は、エンジニアリング的な行為です。つまり、エンジニアリングでは、完成形（ゴール）がイメージされており、それに向けて、設計図を描き、必要な材料を集め、設計図通りに完成させることが目指されます。この場合、相当なことがなければ、予想通りの味のカレーができるように、エンジニアリングによって達成されるゴールは想定されたものとなると考えられます。しかしながら、このような特徴をもつエンジニアリング的な行為は、不測の事態などに対して対応

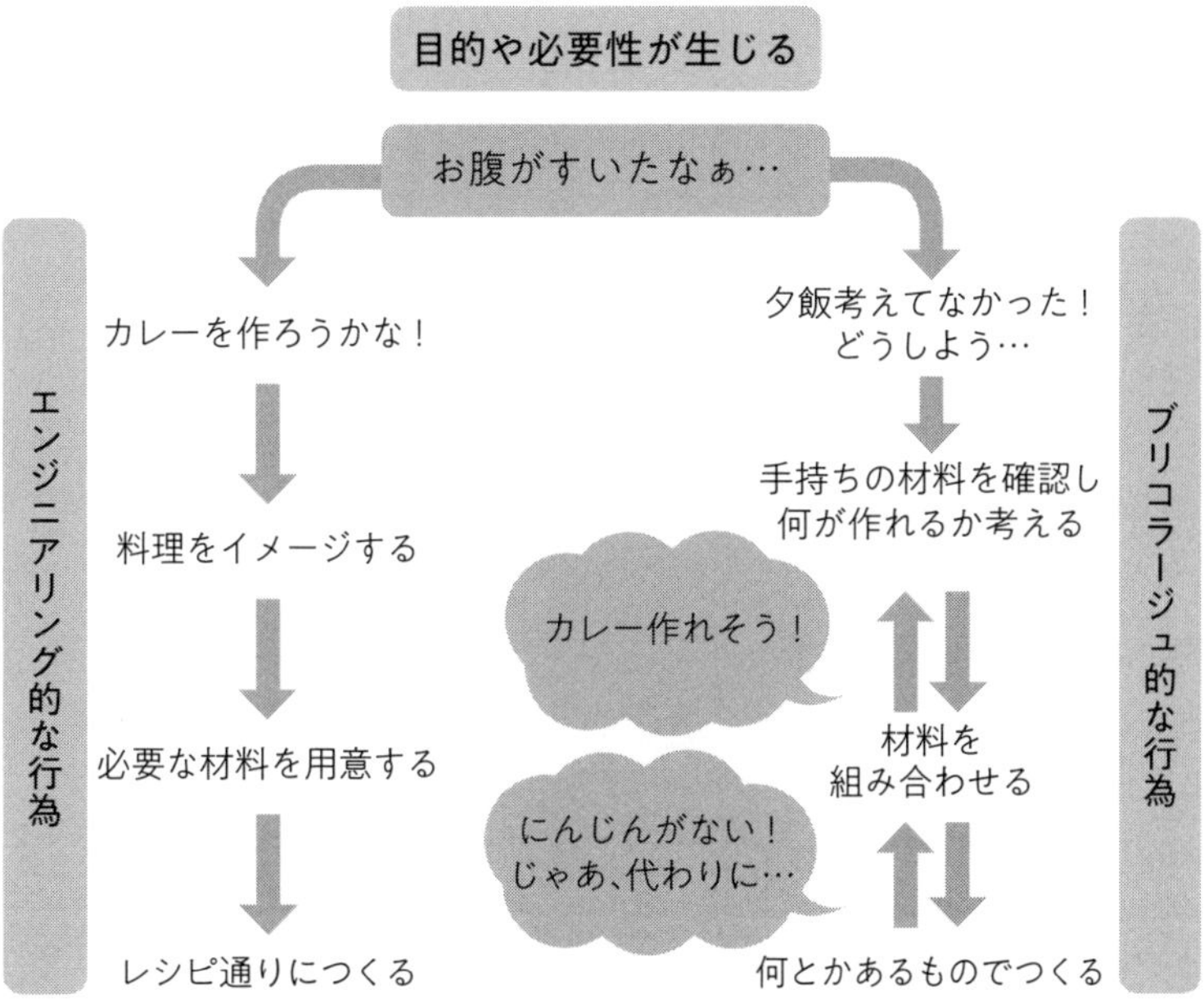

図3-1 ブリコラージュとエンジニアリングの違い

6 クロード・レヴィ＝ストロース、大橋保夫訳（1976）『野生の思考』みすず書房、22頁。

することは困難であるといえます。

これに対して、ブリコラージュ的な行為は、「今日は夕飯のこと何も考えてなかった！　どうしよう!!」と思い、なんとなく冷蔵庫などを見に行くところから始まります。そこで、カレーのルーや、豚肉、玉ねぎの残りを発見し、「カレーがつくれそうかも！」と思いつきます。このように、ブリコラージュでは、何よりもまずは手持ちの材料を観察することから始まります。今まで集めて持っている材料を観察し、それらと対話し、材料のもっている可能性を導き出します。

しかしながら、手持ちの材料を組み合わせることで目的の達成を目指していくため、その過程には試行錯誤が付き物です。例えば、カレーをつくりたいのに、もしかしたら、にんじんやじゃがいもはないかもしれません。この時は、冷蔵庫に残っていた他の野菜などを活用しながら、ありあわせのもので工夫して料理をつくります。このような試行錯誤のプロセスこそブリコラージュ的な行為になります。

ただし、このように、いろんな可能性を模索しながら目的を達成しようとすることになるので、ほとんどの場合、最初の段階にはまったく想像もつかなかったようなものが出来上がります。先の例においても、夕飯を考えたときには予想もつかないカレーが出来上がっているといえるでしょう（……いや、もしかしたらカレーですらなくなっているかもしれません）。

6 ブリコラージュ的対応に見られる3つの特徴

以上のような違いについて、危機対応学においてブリコラージュを関連づけた玄田（２０１８）は、「大規模な自然災害などの危機に直面した際、予め想定された事態に対してはエンジニアリング的対応がいかんなく効果を発揮する」とし[7]、しかしながら、「危機ではつねに当初の想定を超えた事態も生じ得る。そこではブリコラージュにもとづく即応的対応が必然的に求められる」ことから[8]、ブリコラージュの機能について、次のように述べています。

> その際、ブリコラージュでは、状況を丸ごと受け止めた上で、人知の限界を知りつつも、ありあわせの情報やときに偶然の力も活かしながら、最悪の事態に陥るのをなんとかとどまろうとするのだ（玄田２０１８：39－40頁）。

ここに、「まびひょっこりクラブ」の実践からも見られるブリコラージュ的対応の３つの特徴が読

7 玄田有史（２０１８）「自信がない・準備もない――その背景にあるもの」東大社研・玄田有史・有田伸編著『危機対応学―明日の災害に備えるために』勁草書房、39頁
8 同右

み取れます。それは、「偶然性」「複数性」「寛容性」です。

1 「偶然性」

まず「偶然性」ですが、『野生の思考』(1976)では、ブリコラージュの元となるブリコレ(bricoler)という動詞について、「古くは、球技、玉つき、狩猟、馬術に用いられ、ボールがはねかえるとか、犬が迷うとか、馬が障害物をさけて直線からそれるというように、いずれも本来的な偶発運動を指した」言葉であったことが説明されています。[9] つまり、ブリコラージュとは、そもそも「偶然性」と強い関連をもつものなのです。

「偶然性」という特徴は、「まびひょっこりクラブ」における学童保育の支援そのものといえます。なぜなら、私が行ってきたインタビュー調査においても、支援を立ち上げた若井さん自身が、倉敷市からの依頼を受けて受け入れを決定した際、「ほんと見通しもなくやってるっていう感じ」「やったことに何かいろいろ協力してもらった」「どっちかというと、結構見切り発車だったのかな」と、その状況を語っていました。

また当初は、「ながおキッZ児童クラブ」の一室を活用して支援を行う予定であったものの、しかしながら、想定よりも希望する子どもの数が多くなったため、12日の午後から近隣の玉島公民館長尾分館に移動しています。この時のことについて、当時の担当指導員である紙上くみこさんは、「預かりながら話し合いをして、『これまずいなぁ』っていうので、『公民館空き状況どう?』って『空いてる』って『和室が空いてる』ってなって、和室に急遽行くみたいな感じで、もうドタバタでやった感じ」だったと語っていました。

専任の指導員が配置された経緯も同様に「偶然性」によるものです。「まびひょっこりクラブ」が開所した翌週には、「ながおキッＺ児童クラブ」所属の指導員も夏休みの一日保育で対応できないという課題がありました。この時、県内外から多数の指導員が支援に入っていたものの、彼らは日替わりでした。学生ボランティアも多数いましたが、いつも同じ支援者ということではありませんでした。インタビュー調査では、この事態を懸念した倉敷市内の別の学童保育の指導員が、専任の指導員の必要性を若井さんに打診したことを次のように語ってくれました。

若井先生に私が電話したんですよ…（略）…「若井先生、被災した子どもたちを見るのに、日替わりの先生ではできません。通して誰か一人、必要だと思うので、よかったら派遣します」と。

いずれも偶然によってつながれた話であり、このような事例は昼食支援や9月以降の保育場所問題など、さまざまな場面で確認できます。

災害時の学童保育支援であった「まびひょっこりクラブ」は、その時その時に得られる資源（人的資源、物的資源）をもとに必要性に対処しなければならない営みでした。それゆえに、「偶然性」

９ レヴィ＝ストロース（１９７６）前掲書、22頁に頼らなければならなかったのですが、その「偶然性」をうまく活用することで、よい実践が生み出されていたと考えられます。

2 「複数性」

次に、「複数性」です。これは正確にいうと、「まびひょっこりクラブ」にかかわった人たちが、それぞれに複数の役割（帰属先）を有していたということを示しています。

ブリコラージュでは、そこで使用される材料は「断片」と呼ばれます。[10]

（断片は）明確な一定の用途に限定されることはなく、さまざまな潜在的用途を保持している。そして、それが本来的な用途とは異なるような用途に流用されて、たまたまある全体に組み込まれても、それを囲む境界線は、モザイクのように、消えることを拒んでいる（小田２０００：１３８頁）。

危機対応におけるブリコラージュでは、断片はモノとは限りません。それは、「まびひょっこりクラブ」のように、複数の役割（帰属先）を有する人材である場合も少なくありません。第2章を執筆した多くの当事者が、「まびひょっこりクラブ」における役割を有するとともに、それ以外にも役割（帰属先）を有していました。このことは、それぞれの有する役割（帰属先）に紐づく能力や資

源の活用を促し、「まびひょっこりクラブ」の対応力を高めるものであったといえるでしょう。

例えば、専任指導員であった瓜生夢音さんは、「ながおキッZ児童クラブ」と「倉敷市万寿学区児童育成クラブ」「まびひょっこりクラブ」の三つの場とのかかわりを活かして夏休み中の子どもたちのさまざまなニーズへと対応しています。

ただ、役割（帰属先）が複数あることは、当事者にとって葛藤やせめぎ合いを引き起こす可能性もあります。「まびひょっこりクラブ」の当事者はみんな、少なくない負担を抱えていました。インタビュー調査においても、支援に入ったある指導員は次のように語っており、所属する学童保育と「まびひょっこりクラブ」との間で板挟みになっていたようにうかがえます。

> 自分のながおっていうクラスとまびの子たちのクラスがあって、私もちょっとまびに思い入れが強すぎるあまり、（他の指導員から）「ちょっとながお（の子どもたちは）どうするのよ？」みたいになった。

また、昼食支援を行ってくれた保護者も当時の支援と家庭とのバランスを振り返り、次のように語ってくれました。

10 小田亮（2000）『レヴィ＝ストロース入門』筑摩書房、135－139頁

――子どもたちもしんどい思いはしてる中で、私もIさんもかかわってて、やっぱり（自分の）子どもを蔑ろにしてた部分があったので、親としては、この行動としてはどうだったかな。

「複数性」という特徴は、ブリコラージュ的対応の質を高める要素であるものの、それが見過ごせない課題を有していることを示唆しています。

3 「寛容性」

もう一つは「寛容性」です。ブリコラージュ的な対応のプロセスは妥協と再構成の連続です。一つ目の特徴のように、「偶然性」に左右されるブリコラージュではねらった通りのものができるとは限りません。当然、その時の手持ちの材料で可能なものを目指すことになるので、妥協を繰り返すことになります。また、時には妥協では収まらず、そこまでの取り組みを再構成することも避けられません。

例えば、「まびひょっこりクラブ」においては、9月以降の支援において、どこで実施するのかという話が出た際に、なかなか場所が決まらず、トレーラーハウスやキャンプなどの案がでました。また、10月から移動した真備公民館箭田分館では、月曜日が休館のため、新たに別の集会所を見つけて使用許可を得ていたことが、当時の指導員によって記録されています。

失礼を承知でいえば、この時の状況は、「なんとかやり過ごした」というほかありません。しかしながら、ブリコラージュ的な対応とは、手持ちの材料を確認し、それを使って「なんとか「やりくりする」、場合によってはうまく「やりすごす」[11]というようものです。そのため、その成果における妥協やズレ、歪さは仕方のないものとして捉えなければなりません。この時、妥協やズレ、歪さを独自性（その素材らしさ）として捉えることが「寛容性」です。

災害時の支援とは、決して計画的なものではありません。あらためて振り返ってみると「あの時の対応はどうだったのだろう…」と思ってしまうようなことも多々あります。また、支援の当事者になると、もしかしたら見通しのもてない事態や、支援の不安定さを感じ、安定した構造やマニュアルなどを早急に求めがちになるかもしれません。しかしながら、このような時こそ、それらを寛容に受けとめ、結果を焦らない姿勢、いわば、「ネガティブ・ケイパビリティ」が求められているといえるでしょう。

7 ブリコラージュ的対応を促進する３つのステップ

では、ブリコラージュ的対応を促進するにはどうしたらいいのでしょうか。

先の例に見るように、ブリコラージュには大きく３つのステップがあり、それらを行ったり来た

11 玄田（２０１８）前掲書、39頁

りながら、対応していくことが求められます。

想定外の事態に対応するためには、「思いがけず何かの役に立つかもしれないといったブリコラージュにつながる準備」が必要です。[12] それは、常日頃から、さまざまな材料やつながりを集めるということにほかなりません。レヴィ＝ストロースは、このようにして構築されたものを「宝庫」と呼んでいます。今日からでかまいません。日常的にさまざまな人や組織とかかわるとき、常に「思いがけず何かの役に立つかもしれない…」という意識をもち、さまざまなつながりや材料を詰め込んだブリコラージュのための「宝箱」をつくるように心がけてください。

「宝箱」をつくったら、次にするのは観察です。ブリコラージュでは、「道具材料と一種の対話を交わし、いま与えられている問題に対してこれらの資材が出しうる可能な解答をすべて並べだしてみる」ことが求められます。[14] ここでの対話とは、実際にモノや人と話をするというよりも、その可能性を引き出すための「観察」と「思考」のことです。緊急時には、十分な時間をとることはかないませんので、日常的に、自らの「宝箱」の中身を精査し、どのような時に役に立つだろうかと、思考を膨らませることが必要です。

そして、最後にそれらの可能性を最大限に発揮できるよう組み合わせることになります。ここで重要なのは何よりも試行錯誤を

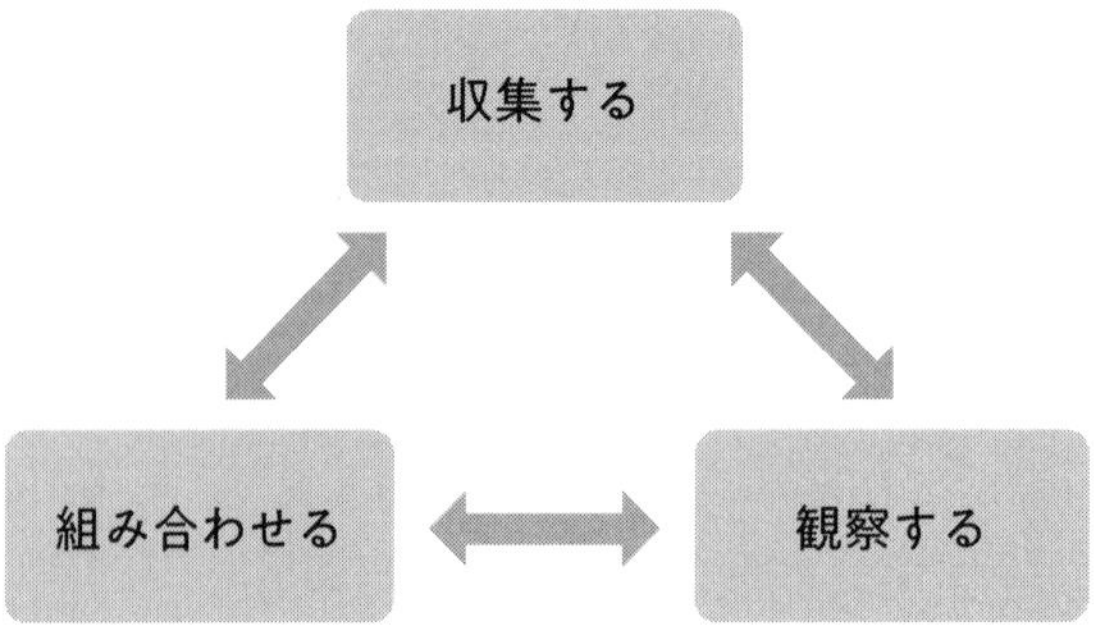

図3-2 ブリコラージュ的対応における三つのステップ

するということです。パズルのピースのように最初から答えが決まっていて、そこに当てはめるのではなく、うまくはまりそうな部分を見つけつつ、さらによりよい組み合わせはないかと検討を重ねることが必要です。

レヴィ＝ストロース（1976）は、「一つ選択がなされるごとに構造は全面的に再編されるので、それがはじめに漠然と想像されていたままであることも、当初によりよいと考えられていたままであることもけっしてないのである」と述べています。[15] ブリコラージュでは、そのプロセスの中で随時、組み合わせの可能性が変わっていきます。ゴールのイメージが明確でないことは不安を招くこともありますが、いかようにでも現実の課題に対応できる可能性が開かれていることを利点として捉えることが必要です。

8 よきブリコルールとなるために

以上のように、災害時の学童保育支援のブリコラージュは、日常的に資源を集め「宝箱」をつく

12 玄田（2018）前掲書、40頁
14 レヴィ＝ストロース（1976）前掲書、24頁
15 レヴィ＝ストロース（1976）前掲書、25頁

るとともに、その資源にどのような可能性があるのかについて観察・思考することを通して、災害時に、その可能性を最大限生かせる組み合わせを試行錯誤することで可能となります。しかしながら、ここで問われてくるのは、このようなブリコラージュを誰が担い得るのかということです。

「まぴひょっこりクラブ」では、若井さんが、ブリコルールとして、既存の組織基盤を活用し、一時的な支援という新たな機能を引き出していました。玄田（２０１８）は、アンケート調査をもとに、即応的に行動することができる自信をもつ人は、「例外を柔軟に認められる寛容性」と「未知への好奇心が旺盛」で、日常的に「他者との積極的な交流」を有することを明らかにしています。[16]若井さんがこのような特性を有する方であった可能性はとても高いと思われます。

しかしながら、ブリコルールであることは、このような個人の性格の問題に断じるものではないという見方もあります。例えば、飯田（２０１９）は、「ブリコルールであることは、個人の資質やパーソナリティによるものというより、制度が設定する社会的関係ないしネットワークにおける立場によるものであることが多い」と指摘しています。[17]したがって、当時の若井さんは、岡山県学童保育連絡協議会事務局長や倉敷市学童保育連絡協議会事務局次長という社会的立場を有しており、それゆえに、「他者との積極的な交流」をもっていたと捉えることも可能です。

つまり、ブリコルールとなり得る社会的立場を有する主体（指導員や学童保育のネットワークにかかわる者）が、災害時の子どもの居場所づくりの起点となりうる存在であることを自覚し、日頃からブリコラージュにつながる準備（意識の変容を含む）を怠らないことが必要です。

9 「日頃の準備を怠らないブリコルール」に

本章では、危機対応におけるブリコラージュの側面を強調してきました。しかし、重要なことは、レヴィ＝ストロースが、次のように述べていることです。

> だがまちがえないようにしよう。それらは人知の発展の二段階ないし二層ではない。なぜならば、この二つの手続きはどちらも有効だからである（レヴィ＝ストロース、１９７６、28頁）。

料理の例に戻るならば、おいしい夕食を作り上げるためには、ブリコラージュ的なふるまいだけでは不十分であり、レシピ通りにつくれるエンジニアリング的な行為ができる、またはそのような準備を日常的に行っているからこそ、その残り（カレーのルーや豚肉、たまねぎ…など）をもとに、カレーをつくることができたということです。

危機対応においても、事前の準備や緊急時の対応について、マニュアルの作成や避難訓練などを

16 玄田（２０１８）前掲書、40－42頁
17 飯田（２０１９）前掲書、１０６頁

通して準備を怠らないことを前提としつつ、しかしながら、想定外な事態が生じた際に、手元にある材料を観察し、試行錯誤をしながら、必要性に応えていくことが求められているのだといえます。

「まびひょっこりクラブ」はブリコラージュの稀有な事例であるとともに、既存の組織である「ながおキッズ児童クラブ」の組織的安定性や倉敷市全体の学童保育ネットワークの充実によって支えられていたものであることは確かです。エンジニアリング的な対応とブリコラージュ的な対応の両面が適切に機能することこそ、災害時の学童保育支援を充実させる鍵です。ぜひとも、想定外の事態に対して、即興で対応するしかないのだから、これまでのマニュアルや避難訓練は必要ないや…という勘違いは起こさないでください。

「日頃の準備を怠らないブリコルール」になることを目指しましょう。

コラム5

全国にある学童保育連携の強み～佐賀県豪雨災害対応から～

石橋裕子（ＮＰＯ法人佐賀県放課後児童クラブ連絡会・理事長）

1 「まびひょっこりおもしろおたからクラブ」で学んだこと

２０１８年７月、西日本を襲った豪雨は佐賀県で「大雨特別警報」が初めて発表されるものとなりました。その日私たちは帰宅することができず、雨雲が九州北部から動いていく様子を夜遅くまでＴＶで見ていたのでした。

大きな被害を受けた倉敷市真備町に被災５日後「まびひょっこりクラブ」が立ち上がったことを知り、８月に私たちはクラブを訪れました。隣接の長尾分館を借りての開所、保護者の送迎で子どもを無料で受け入れること、食事を提供していることなど、一つひとつに驚きながらも地域の方や連協保護者など多くの人とともに運営していることも知りました。子どもたちはさまざまな遊びを行い、ごはんをしっかりと食べることができます。特にビニールプールで水遊びを存分に楽しんでいる姿にも出会い、災害直後から継続する子どもの遊び場の大切さ、学童保育の重要性を痛切に感じたのでした。

被災後、セーブ・ザ・チルドレン・ジャパン（以下、セーブ・ザ・チルドレン）よる「子どものための心理的応急処置（心のケア講座）」を開催したと聞き、佐賀の私たちも備える必要が急務であると考え、講座開催の準備に動き始めました。この倉敷訪問は、佐賀においてその後の災害対応に大きな力となります。

2 行政と災害支援のプロの力と地域の団体の強みを活かす

2019年8月28日早朝、佐賀県は「大雨特別警報」を発表。臨時記者会見で土砂災害や洪水への最大級の警戒と命を守るための最善の行動をと呼びかけました。

翌29日夕方に佐賀入りをしたセーブ・ザ・チルドレン緊急支援初動対応チーム(以下、セーブ・ザ・チルドレンチーム)と私たちは合流し、被害状況の情報収集にあたりました。そして翌30日には被害を受けた大町町で「子どもたちが安心して過ごせる子どもの居場所」をつくることが決まったのです。

大町町での子どもの居場所開設はすんなりといったわけではありませんでした。私たちが県西部の学童保育を中心とした被害状況を確認していたところ、セーブ・ザ・チルドレンチームから大町町役場にすぐ来てほしいと連絡が入りました。そこで役場職員、セーブ・ザ・チルドレンチーム、私たち三者が膝を突き合わせて子どもの居場所開設の必要性について話し合ったのです。被災直後とあって役場も混乱していましたが、先に支援に入った医療チームからの子どもケアの必要性を助言されたこともあり、数時間かけて子育て支援係に赴任したばかりであった地域おこし協力隊の平井奏さんと避難所での子どもたちの様子に心を痛めていた子育て支援担当課、保育園の方々の尽力により、9月1日と8日に居場所を開設することが決まりました。日ごろから大町町とかかわりのある私たちが運営スタッフとして居場所に入ることで、なんとか開設にこぎつけたのかもしれません。大町町HPに「子どもの居場所」が掲載され、連日、佐賀新聞災害インフォメーションにも掲載されました。

3 県内初となる災害時の子どもの居場所開設

発災から4日目、5人の子どもたちが保育園にやってきました。セーブ・ザ・チルドレンチームより受け入れの時の専門的なアドバイスもあり、私たちは安心して居場所を開くことができました。最初に子どもたちと「今日やること、大切にしたいこと」を話し合いました。大人と子どもとに分かれた本気のドッジボールでは、大人チームの惨敗が続き、子どもたちは、全員が汗びっしょりとなりました。

町が手配した昼食を食べた後に再び午後にすることをみんなで話し合います。折り紙、ミサンガづくり、バルーンアートなどそれぞれがやりたいことをすることになりました。そして避難所にいる家族におみやげとしてうれしそうに持ち帰ったのです。園長先生が「朝の子どもたちの顔と夕方戻ってきた子どもたちの顔がまったく違って生き生きしていました」とお話しされたのがとても印象的でした。

2回目の居場所は学童保育所を使っての開所となりました。ノロウイルス対策が必要となったものの、日頃から慣れ親しんだ場所での開所となり、体を思いっきり動かして一日を過ごしました。ただ被災後10

武雄市で行った防災研修会（2023年9月）

日が過ぎ、日常ではない場所での寝泊まり、自衛隊やメディアが身近に存在する状況で「遊ぶことは楽しいけれど、どことなく落ち着かない」という様子がうかがえ、子どもたちなりに大人や周りに気をつかい過ごしているように感じました。その後、避難所内に子どもたちが勉強したり、秘密基地をつくったりと安心して落ち着くことができるスペースが確保されたそうです。

4 再び豪雨災害を受けて

2021年、コロナ禍の中で再び佐賀県は豪雨災害にみまわれました。支援者を外から受け入れることができない、人との距離をとらねばならない、感染対策を徹底しなければならないなど支援活動が困難な日々が続きました。しかし、災害時のネットワークが県内に確立されていたり、緊急対応の備えが充実していたりなど前回の経験を活かした場面もありました。大町町は平井さんを中心に「子どもの居場所」を開設しました。8回ほどの居場所開設で多くの子どもたちが存分に遊ぶことができました。密集を避けるために学童保育所だけでなく体育館、運動場と活動場所を確保し、大人の見守りボランティアを募ることで体制を整えたそうです。

私たちは今、セーブ・ザ・チルドレンの支援を受けながら「佐賀県学童防災のための調査研究」を行い、脆弱な学童保育防災を強化するための活動を続けています。

第4章 災害時の子どもへの心理支援

冨永良喜（兵庫教育大学・名誉教授）

1 倉敷市の学童保育への訪問

私が倉敷の学童保育をはじめて訪問したのは、２０１８年7月20日でした。私の旧友である橋本正巳さん（当時：くらしき作陽大学教授）から学童保育の活動をみてほしいとの連絡があったのがきっかけでした。訪問すると、全国から学童保育の職員の応援があり、また、くらしき作陽大学の大学生がボランティアで子どもたちにかかわっていました。

若井暁さんは駄々をこねる児童の気持ちを認め受けとめながら、かかわっていました。男の子はちょっと挑発的な行動をとって、例えば、ボランティアの男性大学生の股間を攻撃していました。学生はうまくかわしていました。女の子は女性大学生から離れたくないといった様子でした。「こんなにつらいことを経験したのだから、少々叩かれても」と暴力を受け入れることは間違いですから、学生さんたちはよく勉強していると思いました。児童たちは、人とのかかわりで安心感を必死で取り戻そうとしているように見えました。学童保育は子どもたちのとても大切な居場所だと実感しました。

2 災害発生から数か月間の子どもの心のケア
——安心ときずな

次に、Q&Aで、災害発生直後から避難所生活、学校・園再開、仮設住宅が建てられるなど、約数か月後の間に見られる心とからだの変化とその対応について述べます。Qのすべては災害を経験した子ども（大人にも）に起こる当然な反応です。しかし、かかわり方によっては、反応が長引くことがあります。登校・登園できない、成績がガクンと落ちた、乱暴になることが多いなど、日常生活にブレーキがかかるストレス障害になることがあります。一方、適切なかかわりで、ほとんどの反応が減衰していきます。

Q１　一人で寝ることができていたのに添い寝をせがむ、トイレに一人で行けなくなった、親のそばから離れられない、といった行動が見られます。どうかかわったらいいですか？

A１　これは安心感を取り戻そうと安全基地を求めている行動です。幼児や小学生によく見られるトラウマ反応で「退行・幼児返り」と呼ばれています。〈もう6年生なのに、頑張って一人でできるでしょ〉とかかわるほど、反応が収まらないかストレス障害のリスクを高めます。ですから、〈あんな怖いことがあったのだから〉いっしょにトイレに行こうね、添い寝しようね〉とかかわるほうが早く「一人でいい」と自立します。ただ、あまりに離れられないと、親もくたびれてしまいますので、〈後でお話し聴くからね、あとで○○遊びしようね、今は手が離せないの〉と親自身が疲れすぎないようにするのも必要です。

Q2　あれからちょっとしたことでイライラします。また、きょうだいげんかが多くなったように思います。どうかかわったらいいですか?

A2　命を脅かす出来事を体験したとき、心拍を速めて、全力で逃げるか、闘うか、身体を興奮させて立ち向かいます。身体を興奮させて、覚醒水準を上げて頑張る反応を「過覚醒反応」といいます。危機が過ぎ去った後も過覚醒状態が続いて、ちょっとしたことでイライラする・カッとする、小さな刺激にびくっとする、などの反応があらわれます。そのため、そのエネルギーをスポーツなどで発散できるようにうながすといいでしょう。大学生のボランティアが、股間にキックをしかけた男の子に、キックボクシングのように、ルールのある遊びに変えていくかかわりです。「たたく・ける」といった暴力を受け入れてはダメです。また、スポーツや身体遊びのはじめとおわりに、整理体操として、リラックス法を取り入れるといいでしょう。また、体に一度力をいれ、力をぬいていく筋弛緩法を、眠りのためのリラックス法として入れるのもいいでしょう。

Q3 子どもが水害ごっこ（地震ごっこ・津波ごっこ）をしているのをみて、びっくりしました。不謹慎なのでやめさせたほうがいいでしょうか？

A3 災害ごっこは、トラウマの記憶や感情を整理する行為です。ですから、危険でなければ、とめないで、見守るか、いっしょに遊びに参加するとよいでしょう。トラウマ反応の一つである「再体験反応」です。子どもはフラッシュバックを言葉で話すことが難しいこともあって、遊びという行動で示すのです。阪神・淡路大震災後に見られた地震ごっこでは、地震で倒壊した家に閉じ込められた友だちを救出してほっとするといった遊びになっていったと報告されています（冨永ら、2018[1]：10章）。

ただし、災害ごっこを繰り返し行っても過覚醒状態が続いていくこともあります。2009年台風9号で被災した保育園では、川が氾濫して家が流される遊びを繰り返し行っていました。あまりに長い時間この遊びを続けているときは、〈よく遊んだね、ちょっと休憩しようか〉と声をかけて、身体遊びで体の力をぬくことを促しました。

1 冨永良喜ら『災害後の時期に応じた子どもの心理支援』10章、8章　誠信書房、2018年、245頁

Q４災害（台風・豪雨・地震・津波など）のニュースを見るのを嫌がります。少しの雨でも暗い顔になり、怖がります。どう声をかけたらいいですか？

A４「また、あんなことが起こるんじゃないかって、心配なんだよね。でも天気予報を見たら、今から降る雨は、あんな大変な雨じゃないよ。怖い気持ちは自分の命を守る大切な気持ちだから、『心配だな、怖いな』って思った時は、今みたいにお話ししてくれたらいいんだよ」と声をかけてあげるといいでしょう。

Q５避難訓練で子どもが泣きじゃくります。どうしたらいいですか？

A５避難訓練自体は安全な活動、命を守る活動です。しかし、被災地の避難訓練は、怖かった時のことを思い出す「トリガー」になります。トリガーを避けることは、フラッシュバックなどの再体験反応が起きないようにする対処です。災害発生から数か月間に行う避難訓練は、「予告をして行う」「避難経路をあらかじめ散策しておく」「『思い出して、ドキドキするかもしれないけど、命を守る大切な訓練だから、ドキドキは小さくなるよ』とお話ししてあげる」などと心のケアとセットで行うといいでしょう。

3 災害トラウマのメカニズムを知ろう

ここでは災害トラウマとは何か、そのメカニズムについてお話しします。命を脅かすトラウマ体験は、日常のストレス体験とは異なる記憶の貯蔵をされています。メタファーとして「凍りついた記憶」と呼ばれています。トラウマの記憶の箱やアルバムは、蓋を開けよう（記憶のアルバムのページを開こう）にも凍りついていて開きません。ですからその出来事の記憶を思い出せません。凍りついているので、心は「マヒ」しています。そのため、日常のいろんな感覚や感情が感じられません。あまりに打撃が強いと、心をマヒさせてしのいでいるのです。

しかし、安全感がある程度回復して、この出来事に関連する刺激（安全なきっかけ刺激、トリガー、ないしリマインダーという）にふれると、氷が一瞬のうちに溶けて、トラウマの記憶の箱・アルバムの中に吸い込まれて、まるで今起きているように苦しくなります。それが「再体験反応」であり、昼間はフラッシュバック、夜は悪夢としてあらわれます。その再体験反応があまりに苦しいので、トリガーを避けることで、再体験反応が起きないようにします。津波被災地では、海辺に行かない、津波の話をしない、災害のニュースを見ない聞かない、などの「回避反応」が見られました。

「過覚醒」「再体験」「マヒ」「回避」はトラウマ反応のカテゴリーです。そして、それらには、それぞれ望ましい対応がわかっています。図４-１にトラウマ反応のカテゴリーとその対処を示します。過覚醒には、落ち着くためのリラックス法、眠りにつくためのリラックス法などが有効です。安全感が確保できない状況、例えば、地震であれば余震が頻発する状況でリラックスすることを強いると、不快な気分になることがあります。氷が溶けて、フラッシュバックで苦しくなることがあるので注意を要します。

フラッシュバックや悪夢などの再体験反応は、やっとトラウマの体験に向き合う心の準備ができ、回復の道のりを歩みだしている証だと伝えるといいでしょう。そして、背筋をのばしてドキドキが小さくなるまで待つ、信頼できる人に話を聴いてもらう、体験を書きつづるなどの主体的な表現を自分のペースで行います。そのためには、大地をしっかり踏みしめて落ち着く方法や体を動かしながら、現実感を保ってトラウマの体験に向き合うことができるようにサポートします。

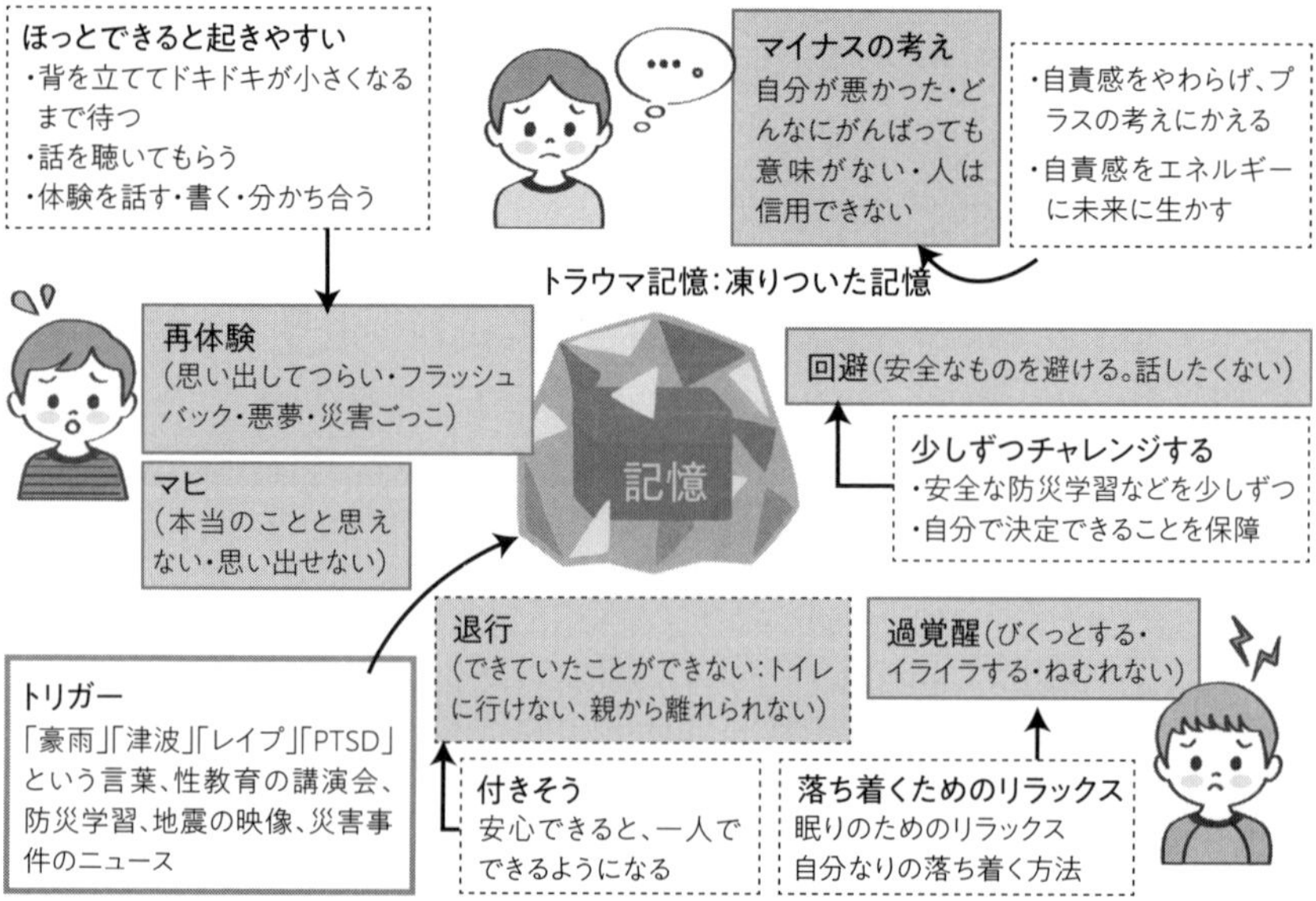

図4-1 トラウマ反応とその対処

トラウマ反応のもう一つのカテゴリーが、「マイナスの考え」です。「否定的認知」といいます。自分で自分を責める自責感、どんなに頑張っても意味がない無力感、誰も信じられない他者への不信感、自分はひとりぼっちで誰も助けてくれないと思う孤立無援感などです。津波であれば「家に迎えに行けばよかった」と助けられなかった自分を責め、地震であれば「どうしてあんなアパートに」「実家にもう一晩泊まるようになぜすすめなかったのか」と自分を責め続けることがあります。マイナスの考えは、尋ねないとわからないので、年齢に応じた声かけをするといいです。そんなふうに思わなくてもと助言しても、それはなかなか受け入れられません。自責感をエネルギーに変えて、そのつらい体験を社会や人に生かしていく活動ができるように周りの人がサポートすることが大切です。

また、命を脅かす出来事を体験したとき、心拍を速めて、覚醒水準を上げて、全力で逃げるか、闘います。覚醒水準を上げて頑張る反応を「過覚醒反応」といいます。危機が過ぎ去った後も過覚醒状態が続いて、なかなか寝つかれない、ちょっとしたことでイライラする・カッとする、小さな刺激にびくっとする、などの反応があらわれます（社会応援ネットワーク、２０２２）[2]。

2 社会応援ネットワーク著、冨永良喜監修『図解でわかる14歳からのストレスと心のケア』太田出版、２０２２年、95頁

4 2009年台風9号豪雨災害後の園児への心のケア

次に、豪雨災害後の園児への心のケアの実際を紹介します。この心のケアで活用した「保護者からみた子どもの心と身体のアンケート」は、指導員や教員、保護者が、災害後の子どもの心のケアを進める上で、参考になります。

2009年8月9日夜半、兵庫県佐用町内に台風9号による豪雨災害が発生しました。被害は、死者18名、行方不明者2名、全壊等の住居被害は1041棟にのぼりました。8月11日、佐用町内で学校医・保育園幼稚園医を務める小児科医は、地域の児童養護施設の臨床心理士たちに、保育園児・幼稚園児らへの心のケアを要請しました。臨床心理士チームは、8月19日から2週間の間にすべての保育園幼稚園を訪問し、状況把握に努めました。

災害後の園児の様子として、「災害のことを話し続ける」「職員にひどく甘える」「洪水遊びを繰り返す」などが見られ、園医と園長会・佐用町子育て支援課との協力体制の中で「保護者からみた子どもの心と身体のアンケート」と子どもの反応への対処方法に関する情報提供（「災害後の子どもの心と身体の反応とその対応リーフレット」）の実施を決めました。

災害後1か月目の9月9日から1週間の間に、希望した6園に対してアンケートを実施し、238名から回答があり、回収率は84％でした。ケアプログラムとして、アンケートの結果を各園にフィードバックし、希望のあった2園では災害後の心理教育として、紙芝居『かばくんのきもち』（冨永、２００７）[3]を上演し、リラックス法を園児たちは体験しました。アンケート実施後月1回を目安に園を訪問し、園児の様子について聴きとり、園児の集団の観察や個別面接を行いました。アンケートの結果は、園児の反応を客観的に把握ができ、重点的にケアしなければならない園児の把握にも役立ちました（吉田・鈴木・冨永、２０１０）[4]。

「保護者からみた子どもの心と身体のアンケート」の内容と結果を紹介します。アンケートは保護者に回答を求め、ケアのために活用するため記名としました。この1週間のお子さんの様子を、29項目、4件法（いいえ0、少しはい1、かなりはい2、非常にはい3）で回答を求めました。項目は過覚醒5項目、再体験5項目、回避マヒ4項目、幼児返り6項目、身体反応4項目、マイナスの考え5項目としました。また、台風9号による豪雨被害の程度（なかった0、少しあった1、かなりあった2、非常にあった3）と豪雨災害以外で過去にあったつらい出来事の経験（ない0、ある1）の回答を求めました。探索的因子分析（主因子法、プロマックス回転）の結果を表4-1に示します（鈴木・吉田・冨永、２０１０）[5]。被害程度が大きいほど、合計得点が高く、統計的にも有意な差が認められました。

その後、東日本大震災で項目を精査し、26項目からなる「保護者からみた子どもの心とからだの

3 冨永良喜『かばくんのきもち――災害後のこころのケアのために』遠見書房、２０１１年、24頁
4 吉田明世・鈴木絢・冨永良喜「台風９号兵庫県北西部豪雨災害後の保育園幼稚園児への心のケア活動」『日本心理臨床学会第29回大会発表論文集』２０１０年、１８７頁
5 鈴木絢・吉田明世・冨永良喜「台風９号兵庫県北西部豪雨災害後における保育園幼稚園児の外傷性ストレス――保護者からみた子どもの心と身体のアンケートの分析」『日本心理臨床学会第29回大会発表論文集』２０１０年、２２６頁

表4-1 保護者からみた子どもの心と身体のアンケートの因子分析

因子名	1退行	2マイナスの考え	3再体験回避	4過覚醒	5睡眠
項目／α係数	α=.822	α=.753	α=.721	α=.739	α=.636
S18 ひとりでいることをこわがる	0.703	-0.002	-0.002	0.227	0.255
S19 親から離れられない	0.678	0.026	-0.001	0.167	0.083
S16 甘えたり、小さい頃にもどったようなふるまいをする	0.636	0.005	0.060	-0.090	0.224
S20 トイレやお風呂に、ひとりでいけない	0.625	0.071	-0.122	0.133	0.125
S25「こんなことがあるんだから、どんなにがんばってもしかたない」と、勉強や遊びなどに無気力になっている	-0.156	0.818	-0.051	0.107	0.206
S27 自分を責めたり、悪い人間だと思ったりしている	-0.079	0.791	-0.144	0.158	0.012
S28「人が信じられない」と言ったり、思ったりしている	0.236	0.737	-0.011	-0.190	-0.173
S26「だれもわかってくれない」と言ったり、ひとりぼっちだと思っている	0.229	0.660	0.097	-0.065	-0.263
S14 楽しいと思ったり、おもしろいなと思うことが少なくなった	-0.116	0.370	0.294	-0.057	0.342
S12 災害に関係することの話をしたり、聞いたりすることをいやがる	0.036	0.027	0.890	-0.023	-0.142
S10 その出来事を連想させること（例えば、雨が降る、TVで災害のニュースをみるなど）があると、気持ちが不安定になったり、身体の不調を訴えたりする	-0.033	-0.106	0.786	0.121	-0.013
S13 その出来事を思い出させる場所などをいやがったり避ける	0.033	-0.046	0.562	-0.091	0.193
S8 災害のことに結びつくような内容の遊びをしている	-0.072	-0.068	0.438	0.259	-0.054
S15 無口になり話すことをいやがる	-0.068	0.240	0.401	0.001	0.212
S3 非常に警戒して用心深くなっている	0.207	-0.047	0.144	0.688	-0.116
S2 物音（雨の音）がするとどきっとしたり、すぐにびくっとする	0.182	0.085	-0.002	0.677	-0.122
S7 こわい夢を見たり、うなされたり、夜中に突然起きて叫んだりしている	0.403	-0.107	0.013	-0.173	0.609
S6 よく眠れないようだ（寝つかれなかったり、夜中に目を覚ます）	0.287	-0.043	-0.017	-0.050	0.560
因子相関行列 1因子		0.147	0.274	0.303	-0.007
2因子			0.479	0.208	0.353
3因子				0.256	0.338
4因子					0.441
分散の%	29.85	13.73	9.14	6.97	6.15

n=238

アンケート」（兵庫県教育委員会・ＥＡＲＴＨハンドブック[6]：冨永、２０１４[7]）をまとめましたので、活用するといいでしょう。

5 時期に応じた災害後の心のケア

1 なぜ時期に応じた心のケアが必要か

図４―２は、横軸が時間、縦軸がトラウマ反応の強さです。トラウマ体験の打撃により、トラウマ反応が強くあらわれます。それは異常事態に対する正常な反応です。つまり、命を脅かされる体験をすれば誰にでも起こる自然な反応です。反応があらわれることで、受け入れがたい現実を必死で心と身体が消化しようとしている営みです。安全と安心が保障されれば、多くの被災者（被害者）のトラウマ反応は減衰し、日常生活をうまく送れるようになります。しかし、一部、大人であればアルコー

6 兵庫県教育委員会、震災・学校支援チーム『ＥＡＲＴＨハンドブック』１８０‐１８１（https://www2.hyogo-c.ed.jp/hpe/kikaku/project/earthhandbook　２０２３・12・１取得）
7 冨永良喜『災害・事件後の子どもの心理支援』創元社、２０１４年、１７５頁

ル依存、心身症、うつなどとしてストレス障害があらわれることがあり、子どもであれば、不登校や暴力といった形でストレス障害があらわれてくることがあります。

トラウマ反応を減衰させていくためには、自分が適切に心と身体に働きかけることが必要です。それを「心身へのセルフケア」といいます。トラウマ反応を減衰させるには、「安心・きずな、そして表現・チャレンジ」が必要な体験です。安全が確保されたら、恐怖で緊張し続けてきた体を弛めて、がんばってきた体をねぎらいます。安心できる人との絆を深めます。避難所生活から仮設住宅に移るまでは、災害に関する話題をさける「回避」で、心を守れるかもしれません。

2 災害後・中長期の心のケアーチャレンジと表現

中長期に、自責感を持ち続け、強い回避を続けることは、ストレス障害のリスクを高めます。自責感も強い回避もトラウマ反応で、自責感は「自分が悪かった」と心

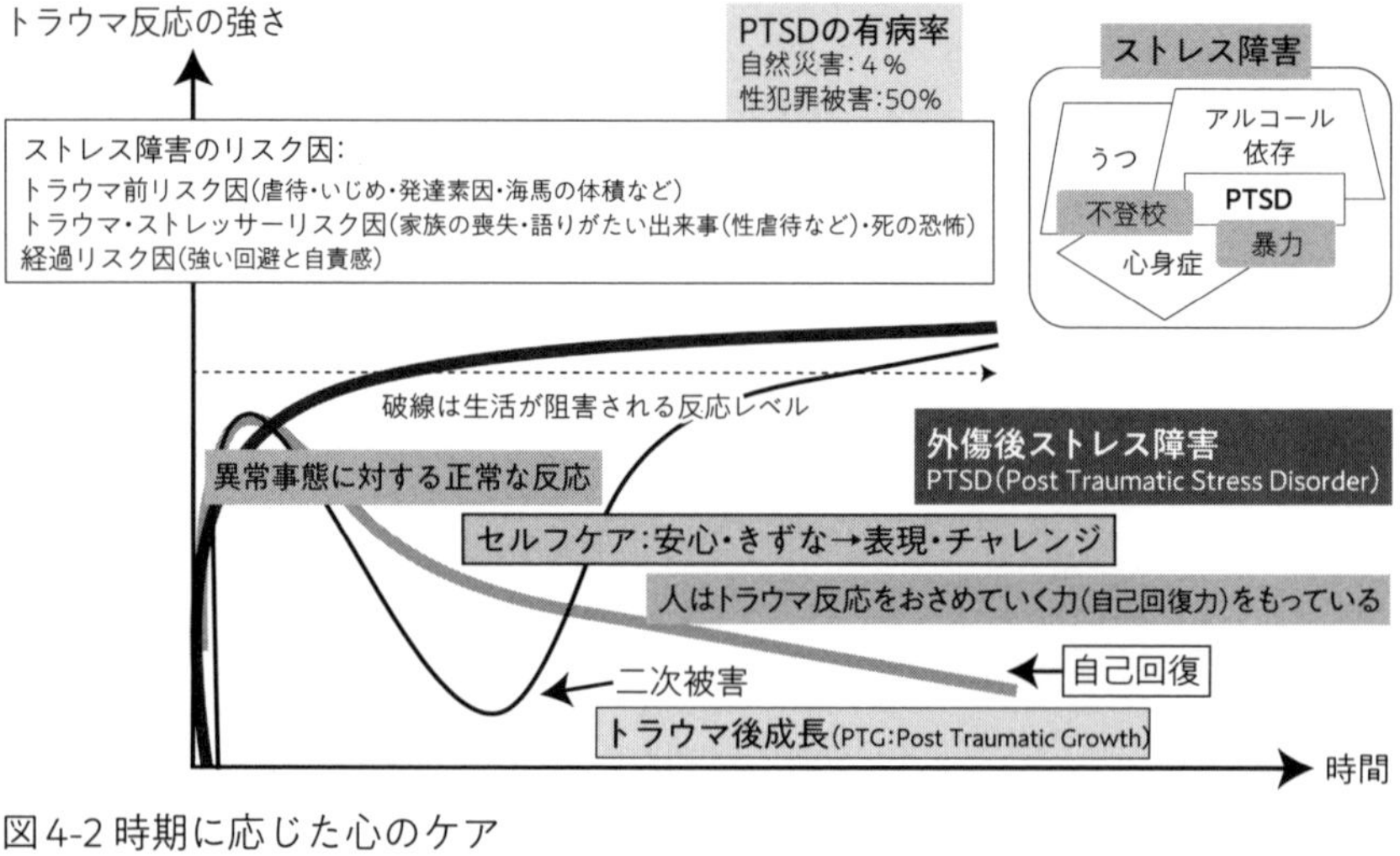

図4-2 時期に応じた心のケア

の中でつぶやいていれば、それが刺激となり、抑うつを引き起こします。しかし、強い回避がなぜリスクなのか理解するのは難しいです。

東日本大震災の被災地では、スクールカウンセラーの渡部友晴さんが「ドラえもん」を活用して、この仕組みを児童にもわかりやすく伝えていきました。ドラえもんは「ねずみ」がトラウマです。ねずみに耳をかじられて、黄色い体が青くなったことを子どもたちは知っています。〈でも、〃ねずみ〃という言葉は耳をかじらないよね。〃ねずみ〃という言葉を落ち着いて使えるようになると、ねずみ対策を考えることができるよね。遠くからねずみがやってきそうになったら「ねずみ警報装置」のブザーが鳴るようにする。ブザーが鳴ったら、ねずみが来られない場所に避難したらいいよね。地震・津波も豪雨も避難する時間があるよね。避難して津波や豪雨が来なくても、『あー、いい訓練になった』と思えるといいよね〉と。

ドラえもんの着ぐるみをスクールカウンセラーや担任が着て、〈ドラえもんが怖いのは何?〉と児童たちに問いかけると、児童たちは『ねずみ!』と発言します。それを聴いたドラえもんは『その言葉やめて!』と怖がります。教室は大爆笑につつまれます。安全な安心できる空間で、怖かったことに立ち向かう機会をつくることがポイントです。ここで理論的なことをお話ししておきます。

トリガーは安全な刺激ですし、トリガーは日常生活のどこにでもあるため、強くトリガーを避けることは、日常生活の幅を狭めてしまいます。その結果、外出できないなど不自由な生活を強いることになります。

そうならないためにトリガーには、自分のペースで少しずつチャレンジし、ドキドキするといった再体験反応が起きても、安全だからドキドキは段々小さくなるので、その実感を積み重ねていくことで、安心感と自信を培っていきます。これは災害後の心のケアで最も大切で最も難しい点です。

ブザーが鳴って、有害刺激（電気ショック、洪水、津波など）を動物やヒトが経験すると、ブザーが鳴っただけで、トラウマ反応（恐怖反応）が起きます（図4-3の①）。ブザーが鳴って、有害刺激が来なくても、恐怖反応が起きます（②）。しかし、ブザーが鳴って、有害刺激が来ないことを繰り返し経験すれば恐怖反応は徐々に小さくなり（③、④）、やがて恐怖反応は起きなくなります（⑤）。すべてのヒトが回復するはずです。

一部回復しないヒトがいるのは、無意識的・意識的にブザーを避け続ける行動をしてしまうからです。ブザーを避けることで、再体験反応（フラッシュバック、イヤな気分など）が起きないように対処しているのです。ブザーがトリガーで、地震・津波であれば、〝津波〟という言葉、〝津波のニュース〟〝避難訓練〟などがブザーになります。台風豪雨災害なら〝台風〟〝雨〟などがブザーになります。自分のペースで少しずつトリガーにチャレンジしていくことが回復につながります。

そこで、「どれくらいイヤ・こわいと思う？ 最高にイヤ・こわいが100、まったくイヤでない・こわくないが0としたら？」と恐怖を数値でモニターするといいでしょう。80以上だと、チャ

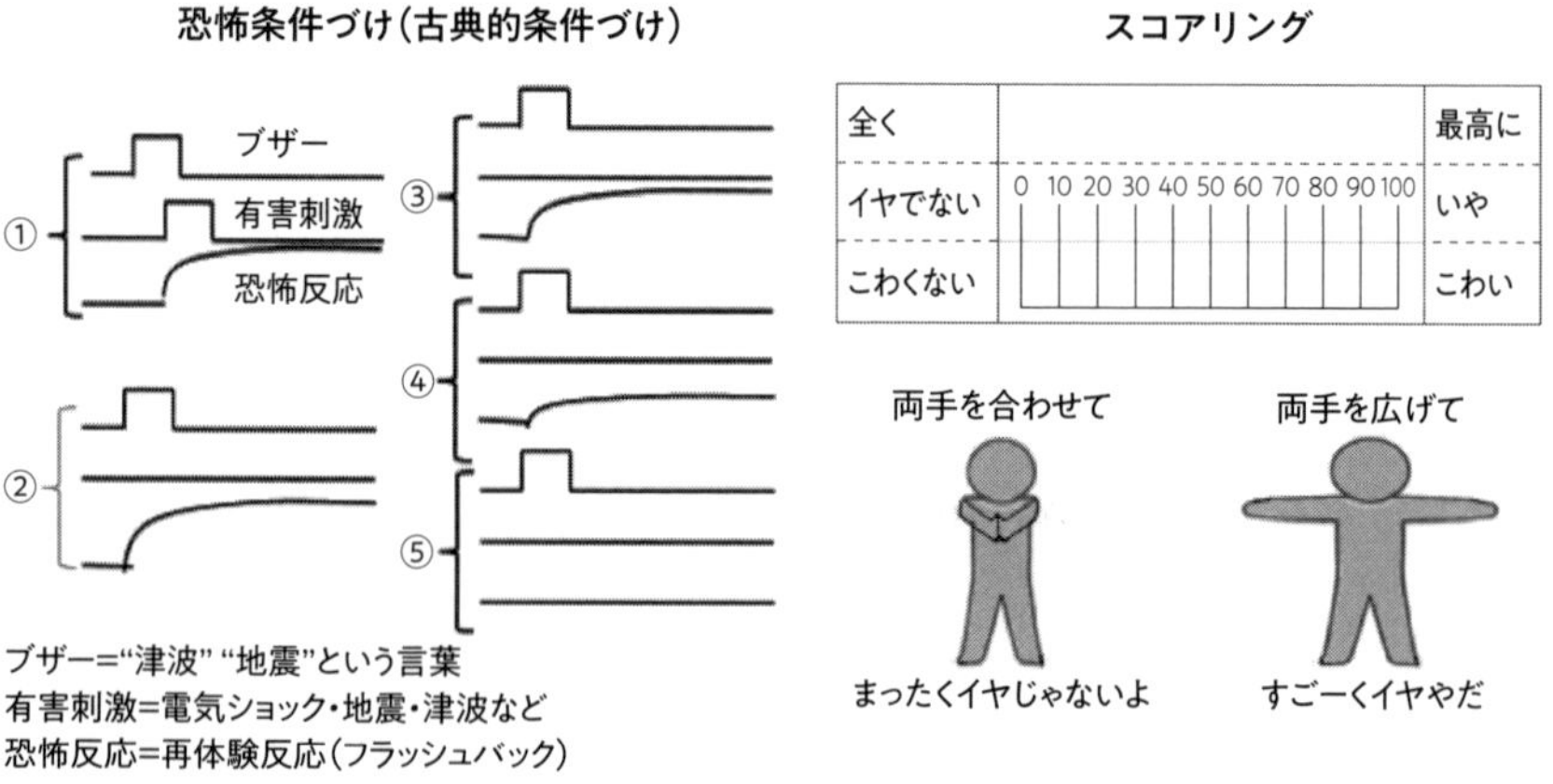

図4-3 回避反応（避けること）への段階的チャレンジ

レンジするのはまだ早いです。70以下のトリガーを探して、チャレンジしましょう。チャレンジのコツは、ドキドキしても「これは安全だいじょうぶ」と自分にメッセージを送り、落ち着く方法や安心できる人がそばにいるとドキドキが小さくなるなーと体で感じることができるようになることです。

小さい子には、〈両手を広げて（すごーくイヤ）、両手をあわせて（まったくイヤじゃない）、〇ちゃん、□□するの、どれくらい嫌かな?〉と両手の幅で示します。そして、「昨日は70点だったけど、今日は50点（両手の幅が少し短くなったら）」と子どもが言ったら、〈え、どんなことしたら、小さくなったの?〉と対処行動を尋ねるといいでしょう。このことは、防災教育と心のケアをセットで学ぶことの大切さにつながります（冨永、２０１４）[7]。

東日本大震災後に、校舎が津波で破壊された学校の児童、教職員は、校務員の機転で山に避難して助かりました。その6年生は1学期の間、震災の話を一切しなかったのです。担任は強く回避している児童たちに、体験したことを歌詞にする歌づくりを提案しました(冨永ら、２０１８:8章)[1]。9月から歌づくりに取り組み、プロの作曲家によって『明日へ』という歌が完成しました。きょうだい、祖母を亡くした児童は、不登校ぎみになっていたのが「これで気持ちを整理できるかもしれない」と積極的に取り組んでいったそうです。

このエピソードから、災害の規模によっても異なりますが危機が持続しているときは、マヒや回避で心を守り、過覚醒をうまくコントロールして、睡眠・体調・食事など規則正しい日常生活を送り、免疫力を高め、安全感が確保されていくにつれ、再体験反応を主体的な表現活動に変えていく支援と、安全なトリガーに自分のペースで少しずつチャレンジする機会を折おりに設けることがストレス障害への移行のリスクを下げるのではないかと考えているのです。

3 「防災教育と心のケア」をセットで学ぶ

ここで、「安心・きずな、表現・チャレンジ」の体験を促進するために、まずは安全の確保が第一の課題となります。自然災害時の安全感の確保は、次に災害が襲ってきても、命を守る自信をつける防災教育と防災体制です。ところが、被災地での防災教育は、トラウマ記憶を喚起させるトリガーになります。

東日本大震災までは、被災地で避難訓練などの防災教育をいつから、どのように行えばいいのかを防災の専門家も解答をもっていませんでした。しかし、岩手の教員が学校再開時に避難訓練を実施して、ほとんどの児童が泣きじゃくるなど強い心身反応を示さなかったことを知りました。それは、避難訓練の前日に避難経路をクラス単位で散策する活動をしていたことが要因だろうと推測しました。「いつから避難訓練をしたらいいか」ではなく、「どのような避難訓練をすればいいか」なのです。「防災と心のサポートをセットで行えば、少しずつのチャレンジにもなり、結果災害に向き合い、ストレス障害のリスクを下げることができるかもしれない」と考えるようになりました（冨永ら、2014）[7]。北海道胆振東部地震後の防災教育と心のケアをセットで行う活動を実践し、Q&A形式で、わかりやすく解説したハンドブック（冨永ら、2021）[8]を公刊しました。ダウンロードして活用ください。

8 冨永良喜・定池祐季・柿原久仁佳・田中英三郎『「防災教育」と「心のケア」のセットで支える子どもサポート・ハンドブック』2021年（http://drredu-collabo.sakura.ne.jp/kodomosupport 2023・12・1取得）

コラム6

学童保育における災害時の子ども支援マニュアル

赤坂 美幸（セーブ・ザ・チルドレン・ジャパン・精神保健・心理社会的支援エキスパート）

1 セーブ・ザ・チルドレン・ジャパンの主な国内緊急支援活動の流れ

セーブ・ザ・チルドレン・ジャパン（セーブ・ザ・チルドレン）[1]の主な緊急支援活動は、災害発生後の子どもたちの被害状況の調査から始まります。情報収集にあたっては、被災した子どもたちや身近な大人の話を聞き、見えにくいニーズを把握することを大切にしています。初期の緊急支援活動は、子どもたちとその家族が生きていくために必要な物資の提供を中心に行います。また、聞き取り調査の中で、避難所などに子どもたちが安心して過ごせる居場所がない場合は、子どもの居場所（「子どもひろば」）を設置・運営します。こうした緊急支援活動を通して収集した情報をもとに、セーブ・ザ・チルドレンの緊急・復興支援プランを策定し、例えば、学校や学童保育などの子ども関連施設の再開を支援するために、必要な学用品や備品の提供、施設の修繕支援などを行います。また、状況に応じて、子どもたちの遠足などの課外活動などの支援、保育士や教員、学童保育指導員などを対象にした研修支援を行うこともあります。セーブ・ザ・チルドレンの緊急支援活動

1 セーブ・ザ・チルドレンは、1919年にイギリス人女性エグランタイン・ジェブによって設立された、約100年の歴史をもつ子ども支援を専門とする国際NGOです。日本を含む29か国の独立したメンバーが協力し、約120か国で子ども支援活動を展開しています。

は通常3か月ほどですが、被害の状況によっては数か月から数年かけて復興支援活動を行います。また、活動を通じて見えた課題の解決や災害への備えのため、国や自治体、関係者に対してアドボカシー活動も行います。

2 西日本豪雨における セーブ・ザ・チルドレンの学童保育の支援

２０１８年、西日本を襲った記録的な豪雨による被害拡大を受け、セーブ・ザ・チルドレンは7月9日に緊急支援対応チームを岡山県倉敷市に派遣しました。

筆者もこのチームの一員として岡山県に赴き、同日夜に岡山県ボランティア・ＮＰＯ活動支援センター「ゆうあいセンター」で開催された支援者ネットワークミーティングに参加しました。その会議で、岡山県学童保育連絡協議会の糸山智栄会長から声をかけられました。過去の災害支援活動で学童保育の厳しい現状を間近で見てきた私たちは、今回も被災した学童保育の情報を集めようと思っていたので、派遣初日に糸山さんから声をかけていただいたことが、その後の迅速な支援につながったと思います。糸山さんから情報をいただき、翌日には「薗児童クラブ」にヒアリングに行き、11日には真備町の「呉妹たんぽぽ児童クラブ」で、統括責任者の若井暁さんや同学童保育の指導員、学童保育を担当する行政担当課の職員に直接お会いして被害状況を聞くことができました。印象に残ったのは、若井さんが真備町の学童保育の被害状況と必要な支援についてプレゼン資料を作成し、説明していたことです。若井さんの説明の中で、被災した子どものこころのケアに関する研修が必要な支援としてあげられていました。セーブ・ザ・チルドレンでは、メンタルヘルスの専門家団体と連携して「子どものための心理的応急処置」[2]の研修を全国で普及していたため、その場で若井さんと開催の可能性を検討し、7月18日に倉敷市学童保育連絡協議会主催で研修会が開催されました。豪雨被害を受けて急遽開催された研修会であったにもかかわらず、子どものこころのケアに関する情報ニーズは高く、倉敷市とその周辺地域の子どもにかかわる幅広い分野から140名を超える参加がありました。

3 専門家でなくてもできるこころのケア「心理的応急処置」

自然災害や事件・事故に巻き込まれ、つらい思いをしている人たちに、どのように声をかけ、支援すればよいのか悩んだことのある人もいるのではないでしょうか。「子どものための心理的応急処置」は、自然災害などの危機に直面した子どもたちを支援する際に、「見る」「聴く」「つなぐ」という行動原則に基づき、支援者がすべきこと、してはいけないことをまとめたこころの応急手当てです。

4 「見る・聴く・つなぐ」支援

まず「見る」では、明らかに衣食住や医療などの支援を必要としている子どもたちや、落ち込んでいたりなど、普段と違う様子の子どもがいないかを確認します。

次に「聴く」です。支援が必要な子どもに寄り添いながら、彼らが何を必要としているのかに耳を傾けます。「今、一番不安に思っていることを教えて」など、根掘り葉掘り

大学生に向けた研修

子どもの考えや気持ちを聞きだすのではなく、子どもが話しやすい環境をつくり、子どもの話を遮ったり、自分の考えで判断したりせず、聴くことに集中します。すぐに話すことができなかったり、話したがらなかったりする子どももいるかもしれませんが、話を聞いてくれる大人がいることを伝えるだけでも違います。

そして「つなぐ」。実際に子どもや保護者の話を聞き、彼らが必要としていることに対応できれば行う。そうでなければ、適切な人、モノ、情報につなげます。災害の影響を受けた子どものニーズはさまざまですが、大切なのは、何でもしてあげることではなく、できるだけ子どもたち自身が問題に対処できるようにすることです。そうすることで、子どもたちは自分のペースで徐々に落ち着きを取り戻していくことができると言われています。

しかし、中には強いストレスを抱え、日常生活に支障をきたしている子どもなど、さらなるサポートが必要な場合もあります。そのような場合は、早めに専門家（保健室の先生、カウンセラー、かかりつけのお医者さんなど）につなぐことが必要です。

最後に、「見る・聴く・つなぐ」を円滑に行うために、支援者自身がセルフケアを心がけることが大切です。支援活動を行う際には、意識的に休息をとることを忘れないでください。

2　2011年に世界保健機関（WHO）などが心理的応急処置のトレーニングマニュアルを発表し、2013年にはセーブ・ザ・チルドレンが、そのマニュアルをもとに子ども支援に特化した「子どものための心理的応急処置」を制作し、世界の人道支援の現場で普及しています。

第５章
被災の経験をどのようにしてつないでいくか

鈴木　瞬（金沢大学・准教授）

1 災害時の学童保育実践の「記録」を残す

本書では、西日本豪雨での経験をもとに、その時の倉敷市のさまざまな学童保育の状況（第1章）や緊急的に立ち上げられた「まびひょっこりクラブ」の実践（第2章）について振り返ってきました。そして、そのような実践をどのようにつくるのかということをブリコラージュの視点から整理するとともに（第3章）、災害時の子どもたちへのかかわり方についても押さえてきました（第4章）。つまり、本書そのものが災害の経験をもとに、そのことを振り返ることを通して学びを深めている当事者たちの「記録」といえます。

最後の章になる第5章では、この「記録」の大切さについて共有します。したがって、災害時の学童保育そのものではなく、災害時の学童保育実践の経験を、これからの組織運営や実践にどのようにつないでいくか。その時に、必要な視点とはどのようなものなのかについて考え、実際に「記録」を残すことができるようにするための章です。

それでは、まずは、災害時の学童保育の「記録」について、どのようなことが求められているのかを確認しましょう。

2 学童保育の安全対策・危機管理の落とし穴

昨今、災害発生時の緊急対応やマニュアル作成の必要性が示され、災害への組織的対応は、学童保育の運営主体や指導員にとって日常的に意識しなければならない課題となっています。

例えば、２０１５年に公布された「放課後児童クラブ運営指針（以下、「運営指針」）」では、「第３章 放課後児童クラブにおける育成支援の内容」に、育成支援の具体的な内容として「安全対策・危機管理」に関する内容が次のように含まれています。

⑧子どもが安全に安心して過ごすことができるように環境を整備するとともに、緊急時に適切な対応ができるようにする。

・事故やケガ、災害等の緊急時に子どもの安全が守られるように、対応方針を作成して定期的に訓練を行う。

「運営指針」とは、学童保育所の多様な実態を踏まえ、望ましい方向に導いていくための「全国的な標準仕様」として作成されたものです。[1] その第1章では、学童保育所は、児童の権利に関する条約の理念に基づき、子どもの最善の利益を考慮して育成支援を推進することに努めなければならない、と位置づけられています。「運営指針」の解説書では、児童福祉法第1条及び第2条、児童の権利に関する条約第3条を踏まえつつ、「子どもの最善の利益を考慮して育成支援を進めるためには、子どもの立場に立ち、将来的・長期的視点から子どもにとっての最大限の権利を保障するという観点から、育成支援の内容や放課後児童クラブの果たすべき役割を考える必要」について示されています。[2]

本書をお読みの方はご存じの方も多いかもしれませんが、育成支援とは、「子どもが安心して過ごせる生活の場としてふさわしい環境を整え、安全面に配慮しながら子どもが自ら危険を回避できるようにしていくとともに、子どもの発達段階に応じた主体的な遊びや生活が可能となるように、自主性、社会性及び創造性の向上、基本的な生活習慣の確立等により、子どもの健全な育成を図ることを目的とする」学童保育における基本的な営みです。この育成支援の内容として、「安全対策・危機管理」が位置づけられているということがポイントです。

つまり、学童保育における安全対策・危機管理とは、決して特別なことではないのです。そこで求められる緊急時の適切な対応やその対応方針、定期的な訓練はすべて、日常的な子どものあそびや生活の延長にあるものであり、また、「子どもの最善の利益」を考慮したものでなければならないといえます。

では、具体的にどうしたらいいのでしょうか。

「運営指針」では、「第6章 施設及び設備、衛生管理及び安全対策」において、危機の種類に応じた対応について詳述されています。

2 衛生管理及び安全対策

(3) 防災及び防犯対策

○放課後児童クラブの運営主体は、市町村との連携のもとに災害等の発生に備えて具体的な計画及びマニュアルを作成し、必要な施設設備を設けるとともに、定期的に（少なくとも年2回以上）訓練を行うなどして迅速に対応できるようにしておく。…（以下、略）

○市町村や学校等関係機関と連携及び協力を図り、防災や防犯に関する訓練を実施するなど、地域における子どもの安全確保や安全点検に関する情報の共有に努める。

○災害等が発生した場合には、子どもの安全確保を最優先にし、災害等の状況に応じた適切な対応をとる。

○災害等が発生した際の対応については、その対応の仕方を事前に定めておくとともに、緊急時の連絡体制を整備して保護者や学校と共有しておく。

これらの記述を見ると、ある問題が見えてきます。

それは、現在の学童保育における安全対策・危機管理は、「事前・防災（二重罫線部）」と「緊急時対応（罫線部）」に偏っていることです。先に示した育成支援の内容に含まれた「安全対策・危機管理」もこの2つの内容しか書かれていません。さらにいえば、そのほとんどが「事前・防災」に

1 厚生労働省編（2016）『改訂新版 放課後児童クラブ運営指針解説書』ぎょうせい、4頁
2 同右、10－11頁

関するものであることがわかります。このように、現時点では、事前・防災としての対策にのみ焦点が当てられていることが、学童保育における安全対策・危機管理の落とし穴です！

これらの記述に欠けているのは何か…。

それは「事後・振り返り」の内容です。例えば、「災害時の学童保育はどのような状況であったのか？」「災害によって学童保育が機能しなくなってしまった時、どのような支援が必要になったのか？」など、災害時の学童保育を記録し、そのことを事後的に振り返ることの必要性については一切書かれていません。

3 安全計画でも弱い「事後・振り返り」の視点

このことは、2023年4月1日より学童保育所においても作成することが義務化された「安全に関する事項についての計画（以下、安全計画）」でも同様です。厚生労働省子ども家庭局子育て支援課による事務連絡「放課後児童クラブ等における安全計画の策定に関する留意事項等について」によると、学童保育所には、「安全確保に関する取組を計画的に実施するため、各年度において、当該年度が始まる前に、事業所・施設の設備等の安全点検や、事業所・施設外活動等を含む放課後児童クラブ等での活動、取組等における放課後児童クラブ等の職員や児童に対する安全確保のための指導、放課後児童クラブ等職員への各種訓練や研修等の児童の安全確保に関する取組についての年間スケジュールを定める」ことが求められることとなりました。また、安全計画の作成にあたっては、「いつ、何をなすべきか」について実施時期の例が示され、それを参考に、必要な取り組みを盛り込むこととされています。
次に示す計画例を見てもわかるように、事前の安全点検やマニュアル作成、安全教育、訓練・研修が、その内容の大半を占めています。また、唯一の振り返りと言える「再発防止策の徹底（ヒヤリ・ハット事例の収集・分析の方法等）」についても、残念ながら、実施時期の例では、「事故発生時」に位置づけられていますし、災害時ではなく、事故の発生が想定されているものだと読み取れます。

【学童保育所の活動安全計画例の項目】

1 安全点検
(1) 施設・設備の安全点検
(2) マニュアル（指針）の策定・共有
2 児童・保護者に対する安全教育等
(1) 児童への安全教育
(2) 保護者への周知・共有
3 訓練・研修
(1) 避難訓練等

(2)その他訓練
(3)職員への研修・講習
(4)行政等が実施する訓練・講習スケジュール
4 再発防止策の徹底(ヒヤリ・ハット事例の収集・分析の方法等)

以上のように、現在の学童保育における「安全対策・危機管理」においては、災害を想定した「事後・振り返り」の内容はほとんど考えられていません。日本という国においては、震災や台風を中心に、全国各地で多様な災害が発生するにもかかわらず、その際の学童保育の経験は十分に共有されることなく消え去ってしまっている可能性が高いといえるでしょう。

4 〈災間〉の思考に基づく学童保育の安全対策・危機管理へ

しかしながら、このような「事後・振り返り」の大切さはすでに示されてきたことでもあります。次に、ほんの少しだけ、そのような先行事例や研究の考え方を確認してみましょう。

まず、セーブ・ザ・チルドレン・ジャパン(2014)は、東日本大震災の際、学童保育指導員へ行った調査をもとに、震災後4年が経っても防災の取り組みが必ずしも進んでいるとはいえないことを報告しています。また、この報告書では「個々の学童保育の運営において、平時から施設・制度・連携などの各面において防災につながるような取り組みを運営者は進めるべき」との提言もなされています。[3] 東日本大震災においても、十分な事後の振り返りがなされていないために、震災後しばらくしても防災の段階に至っていない事態があったことがわかります。

当然ながら、平時から「事前・防災」の取り組みを進めるためには、何よりも「事後」の記録や振り返り、共有がなされなければなりません。このことは、事故やケガの対応という点で、全国学童保育連絡協議会がすでに提示していることとです。例えば、全国学童保育連絡協議会が作成した『学童保育の安全対策・危機管理』という冊子を見ると、事故やケガの対応においては、記録の作成を適切に行い、指導員集団での共有を図ることや検証作業を行うこと、指導員自身にも自己研鑽に励むことが求められています（全国学童保育連絡協議会２０１８）。同冊子では、別の項目で災害対応なども事例があげられ対応例が示されていますので、このような「事後対応」の重要性は事故やケガに限定されたものではないことがわかるでしょう。

また近年では、本書で執筆をいただいている熊本県学童保育連絡協議会の神田さんや、佐賀県の石橋さん、セーブ・ザ・チルドレン・ジャパンの赤坂さんなどが協力し、それぞれの地域での危機

3 セーブ・ザ・チルドレン・ジャパン（２０１４）『東日本大震災学童保育指導員記録集～学童保育の現場で何がおきていたのか～』52頁

管理に関する研修も充実しはじめています。

しかし、学童保育においては、災害時における学童保育の記録や振り返り、その共有といった「事後対応」が抜け落ちてきたことは否めません。日本の学童保育においては、平時において、ドキュメンテーションとリフレクションを通じて、自主的・自発的研修がなされてきた歴史があります。計画や緊急時のマニュアル、対応方針などの作成といった防災のためだけでなく、指導員自身の自己研鑽や個別の学童保育の実践力の向上に向けた学びの一環として、災害時の学童保育における「事後対応」を位置づけ直すことも重要です。育成支援の内容の一つとして「安全対策・危機管理」が位置づけられていることからも、日常の実践と関連づけて考えるべきことは必須といえるでしょう。

なお、これまでの災害時の学童保育の事例を見ると、日常の矛盾や課題が非日常の被災時において噴出することもあれば[4]、逆に学童保育の日常的なつながりの構築が災害時の支援体制構築に有効に機能していた本事例のようなケースもあります[5]。このことは、学童保育の安全対策や危機管理をある一時の特殊な対応として捉えるべきではないことを示しているといえます。むしろ、より積極的に言えば、災害発生時の学童保育の対応や支援のあり様は、日常的な学童保育所のあり様を反映していると考える必要があるでしょう[6]。

ここで参考になるのが仁平典宏による〈災間〉の思考という発想です。〈災間〉の思考とは、災厄の前後の準備を意識するのではなく、災厄は回帰するものであり我々はその〈間〉を生きていると考えるものです。そこでは、「様々な『溜め』や『隙間』や〈無駄〉を作り、リスクを分散・吸収させる」ために、例えば、日常的にできるだけ多様なつながりを形成することが求められます[7]。本書の第3章で示した「ブリコラージュ」の視点とそのための「宝箱」の作成というアイデアはまさに〈災間〉の思考といえるでしょう。しかしながら、「運営指針」で示されている対応や安全計画などの発想は、残念ながら〈災前〉の思考によって断行されたものであると言わざるを得ません。私たちに求められているのは、まずは、災厄の回帰を前提とする〈災間〉の思考に基づいて、学童保育所の安全対策・危機管理を考えていく発想へと切り替えることなのです。

5 学童保育所における災害時の記録の少なさ

〈災間〉の思考に立ち、日常の学童保育所のあり様を中核としつつ、学童保育の安全対策・危機管

4 山下雅彦（2016）「熊本震災と子ども・学童保育」日本学童保育士協会『学童保育研究』17号、107–110頁
5 若井暁（2018）「災害における学童保育指導員の専門性：つながりが子どもたちの生活の土台となり、毎日の生活の場とあそびが生活リズムを取り戻す」日本学童保育士協会『学童保育研究』19号、91–94頁
6 植木信一（2012）「学童保育実践研究とソーシャルワーク」日本学童保育学会『学童保育』第2巻、12–18頁
7 仁平典宏（2012）「〈災間〉の思考——繰り返す3・11の日付のために」赤坂憲雄・小熊英二編『「辺境」からはじまる——東京／東北論』明石書店、122–158頁

理を考えることが必要であるならば、多くの災害を経験した私たちがまずすべきことは、その災害の経験を記録し共有することです。

しかし、ここには大きな問題があります。

それは、そもそも、学童保育所においては、災害後に指導員間で共有し、振り返ることを可能とするような記録が少ないことです。

実は「運営指針」の解説書では、第3章の育成支援の一例にかかわる部分の解説において、「計画及びマニュアル等や対応方針は、緊急時を想定した訓練や実際に起きた事例を参考にしながら作成し、訓練等の実施時にその都度見直し・改善を図っていくことが望まれます」と書かれています。しかし、これまでの記録や研究を調べてみると、災害と学童保育に関する先行事例はほとんど残っておりません。[8] また、あったとしてもそれらは、主として震災の記録を中心としたものであり、豪雨や台風等、近年、多発している気象災害については、記録そのものが乏しい状況です。

6 事例：西日本豪雨でのアンケート調査の結果

ここで一つ事例を見てみましょう。

２０２０年12月上旬、西日本豪雨での記録の有無を確認するため、岡山県と広島県の学童保育所にアンケート調査を実施しました。[9] このアンケート調査は、私が倉敷市真備町のインタビュー調査をする前に、被災状況の全体像を把握するために行った予備調査です。地域を限定して依頼し、その結果、被災した／していない55件の学童保育所から回答を得ることができました。

まず、回答者の勤務している学童保育所の現在の施設運営状況を尋ねました。その結果、被災前と同地域・同施設で再開している学童保育所が47件（85・５％）、被災前と同地域・別施設で再開している学童保育所が１件（1・8％）でした。被災前と別地域・別施設で再開している学童保育所や新規の施設は０件でした（その他1件、無回答６件）。

次に、被災当時、学童保育所に勤務していた指導員や学童保育を利用していた児童が現在も学童保育所に所属しているかを尋ねました。その結果、当時、学童保育所に勤務していた指導員が現在もいる学童保育所は48件（87・３％）、現在はいない学童保育所は2件（３・6％）でした（無回答５件）。また、当時、学童保育を利用していた児童がいる学童保育所は47件（85・５％）、現在はいない学童保育所は０件でした（無回答６件）。なお、児童に関しては、不明と回答した学童保育所が

8 鈴木瞬（２０２１）「学童保育における安全対策・危機管理に関する研究の動向」『金沢大学人間社会研究域学校教育系紀要』第13号、47－58頁

9 ここで用いるデータは、鈴木瞬（２０２２）「被災地における学童保育所の機能復旧と再開プロセスの記録化（１）「平成30年7月豪雨」被災地を事例としたアンケート調査をもとに―」『金沢大学人間社会研究域学校教育系紀要』第14号、35－48頁の一部です。より詳細な結果はこちらを参照ください。

2件（3・6％）でした。

つづいて、質問紙調査に回答するために参照可能な記録の有無を尋ねました（図5―1）。その結果、記録がある学童保育所は12件（21・8％）、記録がない学童保育所は33件（60・0％）、記録の有無が不明である学童保育所が4件（7・3％）でした（無回答6件）。

以上の結果を読み取る時、アンケート調査に協力してくれた学童保育所のすべてが、必ずしも直接的な被害を受けているとは限りませんでしたので、そのことを考慮に入れることはもちろん必要です。しかしながら、そもそもアンケートの対象としていた地域は、間接的な被害や近隣自治体の切迫した状況を感じ取ることができる環境です。にもかかわらず、調査結果によれば、その当時の状況について物語るような記録がない学童保育所や、そもそも記録の所在が不明である学童保育所も少なくなかったことは、当時、研究を始めたばかりの私にとってはとても驚きでした。

なお、記録があると回答した学童保育所は、「日誌」や「児童出席簿」をあげる場合が多く、わずかに「任意の記録」や「写真」という回答も確認できました（表5―1）。一方、記録がないと回答した学童保育所では、これを代替するものや方法について尋ねたところ、「日誌」や「記録ノート」「指導員のメモ」「出席簿」「当時勤務していた指導員への聞き取り」等があげられました。また、

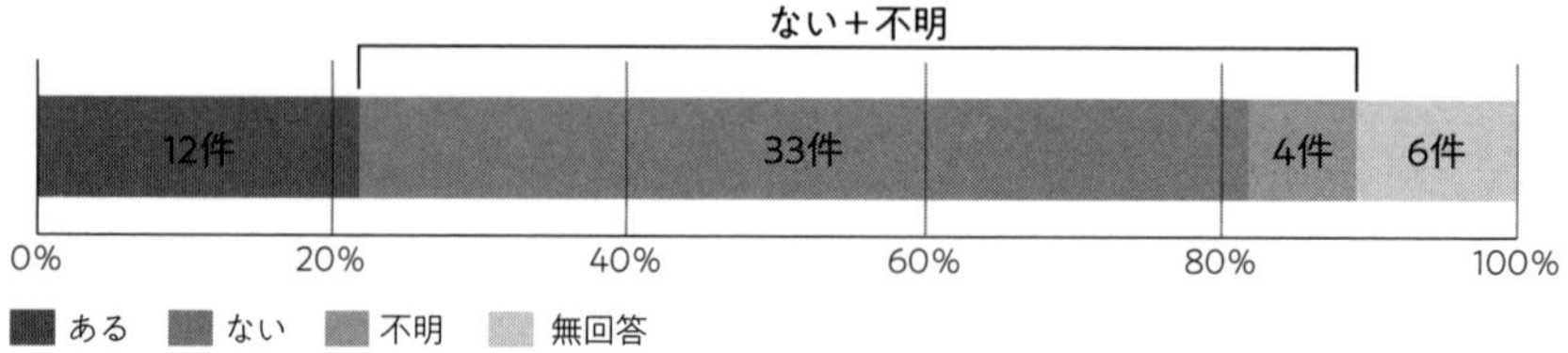

図5-1 被災当時の状況を確認できる「記録」の有無

表5-1 「記録」とその代替物・方法に関する自由記述

記録がある場合の例	記録がない場合代替するものや方法の例
●出席補助簿（日々の出欠、お迎えの時刻、お迎えに来る人の記録）。児童クラブ指導日誌と児童出席簿は市役所の子育て支援課に提出し、保管されている。 ●7/6 ～ 7/9は臨時閉設をしたという記録のみ ●クラブ日誌と任意の記録 ● 写真 ● 日誌（５件） ●日誌と市への提出の控えなど ●平成30年度児童クラブ日誌、平成30年度児童出席簿	●その日の担当指導員が他指導員と情報共有するために記入する記録ノート ●学童日誌 ●当時の指導員への聞き取り（２件） ●指導日誌・児童出欠簿は担当課の保管で手元にはないが、出欠状況については独自の利用表が手元にあった。 ●指導員のメモ ●職員の記憶等 ●地域（児童クラブ付近）の写真があるかもしれない。小学校の近くにクラブがあるため、小学校での写真が保管してあるかもしれない。 ●特になし（３件） ●日誌、出席簿 ●被害がなかったので確認していない。 ●被災していないためない。

「…あるかもしれない」という曖昧な回答もみられました。

7 被災した児童や指導員はいなかったのか？

以上のように、西日本豪雨では、被災前と同地域で開所している学童保育所が多く、また、当時の経験を有する児童や指導員も多い状況にありながら、記録がない学童保育所が過半数を占めていることがわかります。これには、施設そのものには具体的な被害がない学童保育所が44件（80％）であったことも影響しているでしょう。しかしながら、ハード面での被害はほとんどなかったとしても、利用している児童や指導員の被災状況は、看過できるような状況ではなかったのではないか…。当時、そのように考えた私は学童保育所における利用児童や指導員の被災状況についても尋ねました。その結果が図5-2になります。

これによると、利用児童の被災状況については、自宅や保護者の職場、親族に被害があったという児童が少なからずいたということがわかります。また、指導員の被災状況についても同様に、自宅や親族、友人に被害があったという指導員が少なからずいたということがわかります。

これらに加えてより重要なことは、「不明」という回答の多さです。被災状況の記録という視点で見ると、「不明」と回答した学童保育所が一定程度確認できるということは、やはり被災に関する記録が十分ではない可能性があることを示しています。特に利用児童に関して、保護者の職場や親族、友人に被害があったかどうかが「不明」であるという回答が多いことが顕著です。この結果は、災害時の子どものケアの視点からも看過できるものではありません。同僚の指導員についても、災害後にどのような状況にあったのかを共有し合うことはもちろん必要です。しかし、それ以上に求められるのは災害後の適切な子ども支援です。しかし、学童保育所に通う子どもたちの自宅の被害状況や、その後の避難状況、子どもを取り巻く環境の変化を十分に共有できていない可能性があることがアンケート結果よりわかりました。

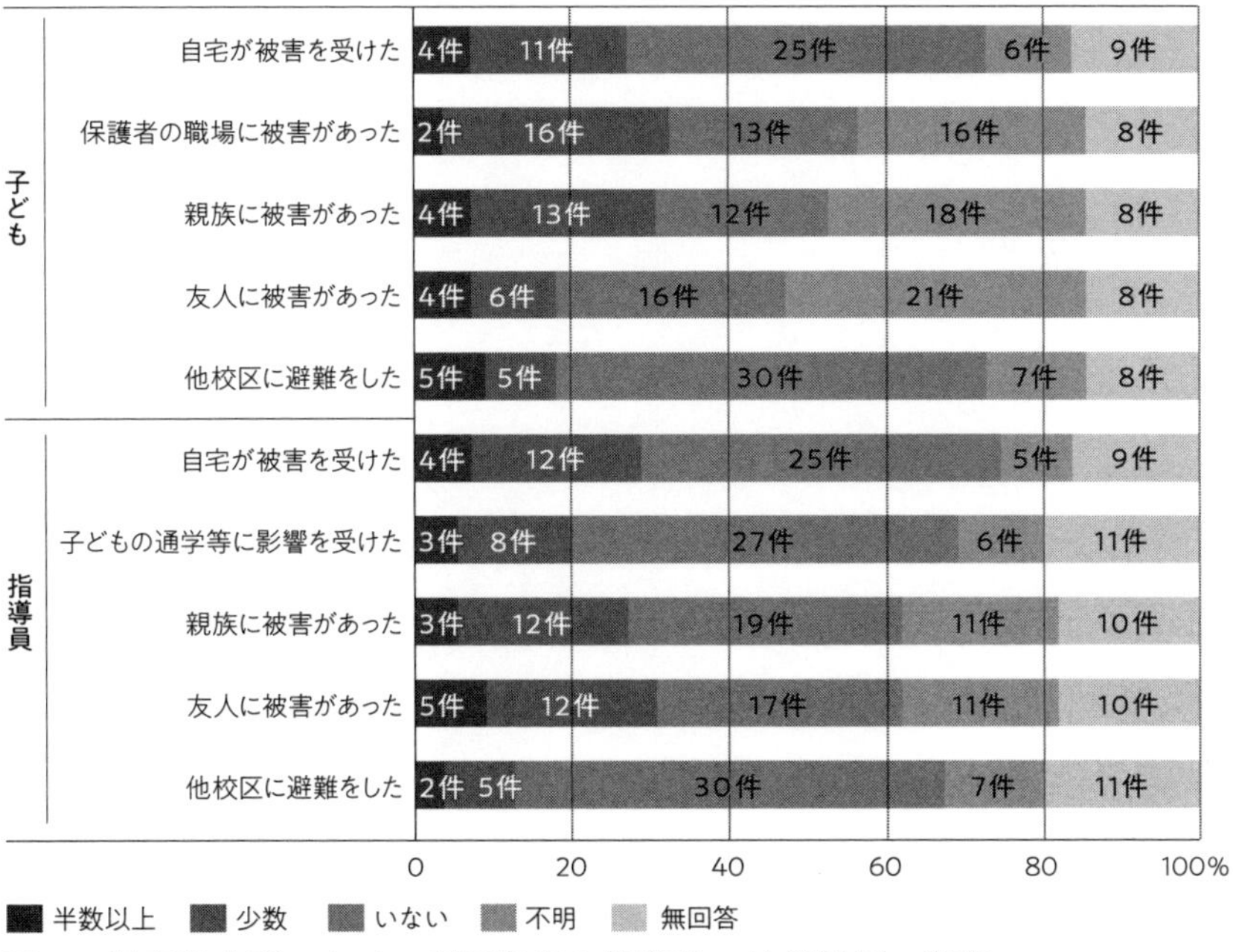

図5-2 学童保育所における利用児童や指導員の被災状況の把握

8 どんな記録が必要なのか：アーカイブとしての記録

以上のように、西日本豪雨においても、学童保育所において十分な記録が残っておらず、また指導員間で、記憶や経験を共有する機会も十分に整備されていないという課題があることがわかりました。この結果はそのまま指導員間で被災経験を共有し、次につなげる振り返りの機会が十分に実施できていないことにつながっている可能性を示唆しています。では、どのような記録を残していくことが、指導員間での被災経験の共有や振り返りへとつながるのでしょうか。

最後に、災害時の学童保育実践において求められる「記録」のあり方を示すとともに、記録する一つの方法を示したいと思います。

まず、災害時の記録には二つの側面があります。一つは「アーカイブとしての記録」であり、もう一つは「職務としての実践記録」です。災害の記憶を記録する方法であるアーカイブとは、「本来、非現用となった記録資料・文書などの資料群と、資料を保管する収蔵庫を示す言葉」を指します[10]。近年では、インターネットの使用が拡大化するに伴い、アーカイブの定義も拡大し、「さまざまな情報やデータが集積、格納、保存されている集合体を表す概念」を表すようになりました[11]。

そもそも災害時の学童保育に関する記録が少ない現状においては、災害時にどの学童保育でどのくらい被害があったのか、その時、学童保育に通う子どもたちは何人被災したのだろうか…というような事実共有のため、記録の集積と保存が求められることは言うまでもありません。その意味で、「アーカイブとしての記録」がまずは必要になります。

　このような方法として期待されるのが、Webを活用した記録です。学童保育に関して言えば、各種支援団体によるHPに支援の記録なども残っていますが、図5-3のような学童保育に特化したWebサイト（ガクコラ！　災害時の学童保育をブリコラージュするための応援サイト：https://gakucolla.w3.kanazawa-u.ac.jp/）もあります。ここでは、災害種類ごとの学童保育の被災状況と支援の記録が整理されています。また、その後の支援団体

図5-3 ガクコラ！　災害時の学童保育をブリコラージュするための応援サイト

10 研谷紀夫（2021）「アーカイブ」見田宗介、大澤真幸、吉見俊哉、鷲田清一編『現代社会学辞典』弘文堂、6-7頁
11 同右

や被災地域での取り組みについてもコラムとして記載されており、継続して状況を確認することができます。このようなWebサイトをともに充実させていくことで、共有されたアーカイブを作成することができます。

9 どんな記録が必要なのか：職務としての実践記録

アーカイブには、「被災地の記憶は、未来のだれかのために記録されることや、それらをとにかく利活用していくことが求められている」ため、「アーカイブという装置の機能を整えれば整えるほど、意味の画一性や記憶の一般性ばかりが強調されてしまい」、記録そのものはもはや誰のモノでもなくなってしまう危険性があります。[12] 今後起き得る災害に備えるために必要な記録であることはもちろんですが、災害時の記憶を記録するということは、記録する当事者にとっての複雑な記憶と向き合い、そのことを言語化していくプロセスの個別性にも目を向けなければなりません。したがって、漠然とした事実に関することをアーカイブするだけでは不十分です。

このことを考えるためには、平時における学童保育の記録のあり方を参照する必要があります。「運営指針」を見てみると、指導員には、「日々の子どもの状況や育成支援の内容を記録する」ことが育成支援に含まれる職務内容として示されています。職務内容はそれだけでなく、記録することの前提として、子どもが生活の見通しをもてるように、「育成支援の目標や計画を作成」するとともに、記録をもとに、「職場内で情報を共有し事例検討を行って、育成支援の内容の充実、改善に努める」ことも求められています。

このように、指導員にとって日常の実践を記録することは「仕事」として求められるものです。ここで重要なことは、目的に応じた「記録」の活用です。例えば、先ほどのアーカイブとしての機能を果たすためには、「事実を記録すること」が目的であり、そのような記録がなされなければなりません。では、情報を共有し事例検討を行って、育成支援の内容の充実、改善に努めるための記録、いうなれば実践力を高めることを目的とする場合、どのような記録の活用が意識されるのでしょうか。

住野好久は、ドナルド・ショーンによる反省的実践家論をひきながら「実践力として直接的に現れるのは、どんな状況に直面しても適切な判断をし、行動できる力を生み出す〈行動の中での省察〉であるものの、その充実のためには、実践記録の検討を通じた〈行動に関する省察〉を豊かにするところから始める必要があると指摘します。[13] また、記録を取る際には、その内容は、「指導員や子どもたちが言ったことやしたことなど、外側に現れたことをビデオカメラのように記録するだけではなく、実践者が考えたこと、感じたこと、思ったこと、意図したことなど、目に見えない実践者の

12 宮前良平（２０２０）『復興のための記憶論―野田村被災写真返却お茶会のエスノグラフィー』大阪大学出版会、24－25頁
13 住野好久（２００９）「実践の記録・分析・考察が指導員の専門性を高める」住野好久・中山芳一、学童保育指導員専門性研究会編『学童保育実践力を高める―記録の書き方・生かし方、実践検討会のすすめ方』かもがわ出版、11頁

意識の部分」も含まなければならないといいます。[14]

つまり、平時において、事例検討を行い、実践力を高めるために必要な記録とは、子どもの行為や指導員の対応など「外側に現れた行動」と、その時の当事者の内側にある思考や判断、あるいは情動などの「目に見えない実践者の意識」の両面が記述されていることが求められるということです。平時の実践記録に求められる良さは、災害時の記録においても同様に引き継がれるべきだと思います。

災害時のことをふり返り描かれる記録は、必ずしも積極的なものではありません。しかし、そこで記録されるものは、淡々とした事実の記録ではなく、「目に見えない」記録者の思考や判断、情動などを交えた「生々しさ」をもつ経験の記録となります。そのような記録であるからこそ、実践から学びうるものがあるのだと言えるでしょう。

10 「存在としての記憶」を継承する

以上のような「生々しさ」をもつ経験としての実践とは、その一つひとつが固有の存在であり、実践のあり方は一つとして同じものはありません。宮前良平による〈アーカイブ〉の記憶と〈かつてあったもの〉の記憶に関する議論を援用するならば[15]、災害時の学童保育を経験した指導員は「複製不可能な、一回限りの、交換不可能な、かけがえのない」存在であり、彼らが「存在としての記憶」を物語る行為が、実践記録を書くということだと考えられます。

しかし、実践の経験を共有可能なものとして他者に差し出すためには言語化しなければなりません。注意しなければならないのは、このように言語化することで、記録は、書き手の存在を喪失し、独立した「意味としての記憶」に変容する可能性を有しています。実践記録を書くということは、「意味としての記憶」になる危険性を感じながらも、「目に見えない事実」にも意識を傾けながら、実践の「生々しさ」や固有性をそのまま記録化することです。実践記録の内容は「意味としての記憶」の側面を有するものの、しかし、そのようにして書かれた実践記録そのものは、意味に還元されない「存在としての記憶」として継承されるのではないかと考えます。

14 住野（2009）前掲書、12頁
15 宮前（2020）前掲書、276－277頁

コラム7

福島県南相馬市の学童保育に対する外部支援の事例

植木　信一（新潟県立大学・教授）

大きな災害は、それまで積み重ねてきた学童保育実践が突然中断し、育成支援よりも安全管理が優先されることがあります。指導員は突然の出来事に翻弄されジレンマをかかえながら学童保育を進めなければならないとすれば、外部支援によるサポートは、指導員が自らの実践を振り返るきっかけにもなるのではないでしょうか。

２０２３年10月現在、南相馬市には、公設公営の学童保育が17か所あります。勤務する指導員はおおむね40人程度で、登録児童数は、およそ７００名です。東日本大震災からの数年間は、各地の避難場所から自宅のある南相馬市に帰還する子どもや家族が増えていく中で、しだいに学童保育の定員充足率が高まり、学童保育所数も急速に増加していきました。しかし、当時の指導員だけでは環境の変化に伴う対応に不安があったため、南相馬市では震災直後から、外部支援である新潟県立大学と連携協定を締結し、子ども支援プログラムが進められました。

震災直後は、どうしても子どもの安全管理が優先されてしまい、子どもの安全を確保することが指導員にとっての最優先事項となっていました。しかし、発災から時間が経過し状況が落ち着きはじめると、自分たちの重要な役割は安全管理だけではなく、子どもの育成支援そのものであることを再認識するようになりました。そのため、指導員の専門的なスキルを高めるために、外部支援主導による子ども支援プログラムがスタートしました。外部支援では、大学の学生や教員スタッフの各種専門分野を活かした子どもの自己肯定感を育むあそびプログラムだけでなく、大学教員等による指導員の資質向上を目的とした指導員向けスキルアップ研修も、計画的かつ継続的に行われました。

指導員は、こうした外部支援による計画的かつ継続的な研修に参加する機会を得て、各種研修内容を実践に活かすきっかけになったようです。さらに現在では、指導員自身が研修講師となり、市内の新人指導員に対して初任者研修講師を務めたり、認定資格研修の講師を務めるなど、リーダー的な役割を果たす指導員が出てくるようになっています。このような次世代へのスキルの還元が続くことによって、外部支援がなくとも、指導員組織による自主的・自発的な自己研鑽の動きに移行するようになりました。また最近では、市内学童保育の安全計画の策定に際して、リーダー的な役割を担う指導員と市の職員が対等に協議しながら作業を進めています。

外部支援による研修が開始されはじめた当初は、外部支援側から研修テーマを提案する形で実施していましたが、指導員のスキルアップに伴い、徐々に研修企画の主体が南相馬市側に移行するようになりました。必要な研修を自主的・自発的に企画したり、必要に応じて、新規研修の内容を外部支援側に提案するなど、震災前には見られなかった新たな動きが出始めています。なお、ここでいう「自主的・自発的」とは、全国共通の公的研修にとどまらない独自の研修を進めようとする指導員や指導員集団の自主的な行為と、指導員や指導員集団が自ら企画して学ぼうとする自発的な行為のことをいいます。

例えば、基礎自治体単位や近隣の複数の学童保育に在籍する指導員集団等が、自主的に研修を進めようとしても、指導員集団だけでは具体的に企画することが困難な場合、大学の研究者等の外部支援を求めることなどが想定されます。外部支援との継続的なかかわりの中で、しだいに指導員や指導員集団が自ら企画して学ぼうとする自発的な行為に移行することが想定されるのです。

大きな災害は、それまで培われてきた指導員の組織を崩壊させることがあります。しかし、直後に外部支援が入ることで、回復に向かう実践、すなわち安全管理優先からの脱却に焦点をあてた被災地支援を進めることができます。外部からの知見を取り込んだ指導員は、しだいに自らのジレンマを自覚するようになっていきます。その後、指導員どうしが現場のジレンマを自分たちの課題として認識するに至り、自主的・自発的な動きに向けて取り組むようになったと考えられます。

一方で、外部支援との関係性に着目すると、組織的・継続的な協働システムが定着することにより、しだいに支援を受ける実践から脱却する可能性があることもわかりました。これは、指導員組織と外部支援との協働システムの定着へとつながっていきます。

大きな災害などの非常時の学童保育支援からわかることは、指導員組織が外部支援にサポートを依存することだけでは、指導員の主体性がそがれてしまい、せっかくの協働が逆効果になってしまう可能性があることです。指導員が、外部の支援を受けながら自主的・自発的に新たな知見を取り込み、子どもの発達を支援する者としての力量を継続的につけていくシステムの構築が必要とされています。

そもそも地域の実情をよく知る指導員は、地域固有の課題を自分たちの課題として捉えることを可能にしますし、地域の学童保育で必要とされる支援は、当該地域の指導員たちの自主的・自発的な動きによって実施されます。このような指導員の自主的・自発的な実践を基盤にしながら、必要に応じて外部支援によるサポートを受けるシステムは、非常時に限らずふだんからの普遍的なシステムとしても応用可能なのではないでしょうか。

エピローグ

若井　暁（ＮＰＯ法人くらしき放課後児童クラブ支援センター・統括責任者）

この本を読んでほしい！

「まびひょっこりクラブ」は、災害の際に児童期の子どもを支援した最もよい手本の一つになりえるのではないだろうか。よい支援につながった「まびひょっこりクラブ」を記録に残し、みなさんに伝えたい！　そんな想いがこの一冊になりました。

この5年間、私は西日本豪雨で起きた出来事を忘れることはありませんでした。それは、西日本豪雨で起きた当時の出来事について話に行ったり、原稿として本に書いたりすることが多かったからです。そのたびに当時の出来事について振り返ることになりました。

２０２２年6月の日本学童保育学会での発表もその一つでした。お会いするたびに当時の災害支援について話を交わしていた鈴木瞬先生（当時「くらしき作陽大学」現在「金沢大学」）と学会でお会いした際に、この災害支援を「記録」に残そうという話になりました。

鈴木先生は、当時から一緒に「まびひょっこりクラブ」を支えてくれるだけでなく、実際に学生ボランティアを募って学生ボランティアチームを立ち上げ、8時から19時までの時間帯を切れ目なく、学生が数人ずつボランティアとして子どもたちを支援してくれる仕組みをつくって、大変助けていただいたことを今でも鮮明に覚えています。学生たちも懸命に子どもたちとかかわってくれて、災害にあった子どもたちも保護者も私も救われました。かかわってくれた学生のみなさん、本当にありがとうございました！ みなさんの元気に支えられ、助けられました！

また、保護者からの相談による学習支援もしていただきました。当時7月初旬から学校に行けなくなった子どもたちが本来、学校で習うべき学習ができていないことを、保護者は被災した家を片づけながらも不安に思っておられ、そんな保護者の不安な思いにもすぐに対応してもらい、保護者は「そんなことまでしていただけるのか」と鈴木先生と学生のみなさんに大変感謝しておられました。

「まびひょっこりクラブ」を学生たちとともに支えて、この本の出版に際しても、「みんなの手元に残る記録にならないといけない。本にすることで、みんなに読まれる記録となるのではないか」と提案し、単なる記録ではなく本として出版するという企画・運営を先頭に立ってもらった鈴木先生には感謝しかありません。

学童保育が災害支援にかかわった記録として、災害にあった子どもたちに行き届いた支援ができた記録として、多くの方にこの本をぜひ読んでいただきたい!!と思います。

災害時の子どもの支援につなげたい！ この本を手引きに！

真備の被災をきっかけに、今なお災害が起こった地域に出向いて支援を行っておられる「いのりんジャパン」の石原靖大さんより、「まだまだ子どもへの支援が行き届いていない状況です。若井さん、一緒に災害の現場に行きませんか」と声をかけられるたびに、一緒にその地域に行って子どもたちへの支援の輪を広げたい、何かできないか、という思いは募るものの、コロナ禍でなかなか思うように支援ができずにいました。「災害時の子どもの支援をもっと行き届いたものにしたい！」「日本全国どこにいても、子どもへの災害支援がなされている国になるように」、そういう思いがさらに募っていったのでした。

この本を出版するにあたり、執筆者の方には、被災された当時のさまざまな思いやつらかった出来事を再び思い出させる機会になってしまったことを深くお詫びいたします。

しかしながら、当時の出来事をこうして綴っていただくことが、毎年いろいろな地域で起きている災害から子どもを守ることに必ずつながる、必ずつなげなければならないという想いで、この本を出版させていただきました。今なお多くある被災された地域における子ども支援を行う手引書となるよう期待しています。

この本を読み終えたみなさんへ

この本を読み終えたみなさんは、きっと、ページをめくりながら災害時の貴重な疑似体験を一つひとつされたのではないでしょうか。この本は、災害が起きたときに当事者となった方に書いていただいた実際の話です。リアルな話です。そして、災害時における被災した子どもたちへの生活の支援をした日々の記録になります。みなさんが支援するときも、被災し支援されるときも、この本を参考にしていただけたら幸いです。

被災したときに、みなさんが孤独にならず、「この本に、こう書かれていたから、こう行動するほうがいいな」とか、「災害時はこんな気持ちだったと書いてあったな、本当にそうだな」と感じたり、「次はこうなると書かれていたから、こういった対応をしよう」と考えたり、災害において何をどうすればいいかわからなくなったときにきっと適切な思考や行動に導いてくれるのがこの本の魅力だと思います。

読んでいただいたみなさんに、災害時のリアルな感情を感じてもらい、どんな行動をしたのかを知ってもらい、そして、災害にあったときには、どうしたらいいのかを一人で悩まず、ぜひ声に出してみんなで考えて、一つひとつ課題を解決していく手立てにしてもらうことを願っています。

子どもを災害から守る本として

目の前で災害が起こったとき、慌てるし、焦るし、戸惑って、どうしていいかわからなくなると思います。そんなとき、みなさんの周りの人をどう助けたらいいのかをわかりやすく書いていることの本が、みなさんを助ける支えになると思います。

セーブ・ザ・チルドレン・ジャパンの研修の資料の中に、「子どもを誰ひとり取り残さない」という言葉があります。この「まびひょっこりクラブ」もまた、子どもを不安定な生活や楽しくない生活の中に、誰ひとりとしておきざりにしないといった願いが込められた本となっています。

子どもを災害から守り、被災した子どもの生活を支えるみなさんに読まれる一冊として、災害時に子どものために奮闘する指導員さんたちに、災害時に家族や周りの人を守ろうとする大人たちに、災害時にお互いに助け合って生きていこうとする子どもたちに、応援の意味も込めてこの本を贈りたいと思います。

最後になりましたが、災害時の児童期の支援の大切さを理解し、西日本で起きた豪雨災害の記録を残そうという私たちの意をくんで、この本の出版を決断してくださったクリエイツかもがわの田島英二さんに、当時「まびひょっこりおもしろおたからクラブ」に人材支援として保育を担ってくれた全国の学童保育に関わる仲間たちに、そして、多大なるご協力をいただいた地域の方々に、また、6年前の豪雨災害におけるつらい出来事やいろいろな思いを綴ってくださった執筆者のみなさまに、さらに、この本の作成に関わっていただいたすべてのみなさまに、心を込めてお礼申し上げます。

【執筆者一覧】

赤坂　美幸（あかさか　みゆき）：セーブ・ザ・チルドレン・ジャパン・精神保健・心理社会的支援エキスパート…コラム６
石橋　裕子（いしばし　ゆうこ）：NPO法人佐賀県放課後児童クラブ連絡会理事長…コラム５
石原　靖大（いしはら　やすひろ）：いのりんジャパン代表…２章８
植木　信一（うえき　しんいち）：新潟県立大学教授…コラム７
瓜生　夢音（うりゅう　ゆめね）：倉敷市万寿学区児童育成クラブ指導員…２章５
紙上くみこ（かみうえ　くみこ）：くろさきっず児童クラブ指導員…２章１
川上理恵子（かわかみ　りえこ）：箭田にこにこ児童クラブ指導員…１章２
河北　大樹（かわきた　ひろき）：中島学童保育所長…２章７
神田　公司（かんだ　こうじ）：熊本県学童保育連絡協議会会長…コラム１
楠木　裕樹（くすのき　ひろき）：倉敷市学童保育連絡協議会会長…１章１
籠田　桂子（こもりた　けいこ）：ながおキッＺ児童クラブ所長…１章４
竹下奈美江（たけした　なみえ）：呉妹たんぽぽ児童クラブ指導員…１章３
田頭　直樹（たどう　なおき）：一般社団法人ゆいのつばさ代表／あおぞら学童保育クラブ所長　…コラム３
寺尾　朱音（てらお　あかね）：岡山市立横井小学校教諭…２章６（３）（４）、コラム４
冨永　良喜（とみなが　よしき）：兵庫教育大学名誉教授…４章
平井　真紀（ひらい　まき）：とみた児童クラブ指導員…２章２
見附　歩美（みつけ　あゆみ）：ボランティア団体「がくまび」…２章９
若狭いづみ（わかさ　いづみ）：ながおキッＺ児童クラブ保護者…コラム２

【編著者紹介】

鈴木　瞬（すずき　しゅん）

1985年生。金沢大学人間社会研究域学校教育系准教授。

著作・論文に『子どもの放課後支援の社会学』（学文社、2020年、日本学校教育学会賞）、「学童保育研究の軌跡と課題―学童保育実践の理論化と学童保育研究の再帰性」『学童保育研究の課題と展望―日本学童保育学会設立10周年記念誌』（共編著、明誠書林、2021年）、「子どもの放課後支援における〈教育〉と〈無為〉の位相―共生としての学童保育実践から」『日本教育行政学会年報』第48号（2022年）『学童保育指導員になる、ということ。―子どももおとなも育つ放課後』（共編著、かもがわ出版、2023年）、「災害時におけるブリコラージュとしての一時的な学童保育実践の記録化」『学童保育』第14巻（2024年）など。

…はじめに、２章６節（１）（２）（５）、３章、５章

糸山　智栄（いとやま　ちえ）

1964年生。岡山県学童保育連絡協議会会長。株式会社えくぼ代表取締役。介護福祉士。著作に『学童保育に作業療法士がやって来た』（共著、高文研、2017年）、『日本全国続々と学童保育に作業療法士がやって来た』（共著、高文研、2022年）、『「地域作業療法ガイドブック《子ども編》』（共著、クリエイツかもがわ、2024年）、『瀬戸内食品ロス削減団 フードバンク活動入門』（共著、クリエイツかもがわ、2022年）。岡山県学童保育連絡協議会として、2020年２月脱炭素チャレンジカップ「学童プレハブ-6℃作戦からの施設木造化の実現」企業賞、2020年11月第15回マニフェスト大賞「学童保育に作業療法士コンサルを。バックキャスティングでひらめきを施策に」優秀政策提言賞受賞。

…プロローグ、２章４節

若井　暁（わかい　あきら）

1973年生。NPO法人くらしき放課後児童クラブ支援センター統括責任者。岡山県学童保育連絡協議会事務局次長。学童保育指導員。介護福祉士。論文に「児童クラブをよりよくしていく学びとは」『学童保育研究』17号（2017年）、「災害における学童保育指導員の専門性 つながりが子どもたちの生活の土台になり、毎日の生活の場とあそびが生活リズムを取り戻す」『学童保育研究』19号（2018年）、「地域の危機と学童保育の役割」『学童保育』第13巻（2023年）など。

…２章３節、10節、エピローグ

災害時の学童保育のブリコラージュ
「まびひょっこりクラブ」がつなぐ未来へのバトン

2024年6月30日　初版発行

編著者● ©鈴木瞬・糸山智栄・若井暁
発行者●田島英二
発行所●株式会社 クリエイツかもがわ
〒601-8382 京都市南区吉祥院石原上川原町 21
電話 075(661)5741　FAX 075(693)6605
https://www.creates-k.co.jp
郵便振替　00990-7-150584

装丁・デザイン●佐藤　匠
印刷所●モリモト印刷株式会社
ISBN978-4-86342-371-8 C0037　printed in japan